Tobi Krick war mal Krankenpfleger. Er hat nicht einfach nur Pillen verteilt und Fieber gemessen. Er wollte den Menschen, die er betreute, immer auch eine gute Zeit schenken.

Nach seiner Ausbildung zog es Tobi Krick auf die Philippinen. Nicht zum Tauchen oder Sonnenbaden, sondern zum Helfen in der Entwicklungshilfe. Drei Jahre später kehrte er mit einer Mission zurück: Nicht mehr der fremdbestimmte Mr. Nice Guy sein, sondern etwas eigenes aufbauen und Menschen inspirieren, ein erfüllteres Leben zu leben. Durch viele Weiterbildungen, einen kritischen analytischen Geist und einem tiefen Interesse an Spiritualität, Psychologie, biblischer Theologie, Persönlichkeitsentwicklung und Business entwickelte er sich nach und nach zum Top-Coach für Selbstständige.

Gemeinsam mit seinem Freund Stefan Gebhardt gründete er Erfolgsbeschleuniger. Sie helfen Unternehmern, nicht nur Geld zu machen, sondern persönlich zu wachsen und ein erfülltes und erfolgreiches Leben zu leben. Philosophie, Psychologie, Spiritualität – Tobi bringt alles zusammen, um das Geheimrezept fürs Durchbrechen mentaler Schranken zu liefern.

Sein Ziel? 1.000.000 Menschen zu inspirieren. Eine Million Menschen sollen lernen, das Leben weniger ernst und sich selbst weniger wichtig zu nehmen und dabei zu merken, wie sie sich immer mehr ein Leben aufbauen können, was sie wirklich leben wollen. Die Devise lautet: Lebe glücklicher, erfüllter, erfolgreicher.

In seinen Büchern findest Du keine Kuschelpädagogik, sondern ehrliche, unverblümte Wahrheiten mit einer ordentlichen Portion Humor. Bereit für eine Lebensveränderung? Tobi Krick ist der Mann, der Dir nicht erzählt, was Du hören willst, sondern was Du hören musst.

Bibliografische Information der Deutschen National-
bibliothek: Die Deutsche Nationalbibliothek verzeichnet
diese Publikation in der Deutschen Nationalbibliografie;
detaillierte bibliografische Daten sind im Internet über
dnb.dnb.de abrufbar.

Auflage 1 - 2024
© 2024 Tobi Krick
Erfolgsbeschleuniger

Verlag:
BoD · Books on Demand GmbH, In de Tarpen 42,
22848 Norderstedt
Druck:
Libri Plureos GmbH, Friedensallee 273,
22763 Hamburg
ISBN: 978-3-7693-0603-3

Inhaltsverzeichnis

Wie der Mensch denkt, so lebt er ———— 8

Originalvorwort ———————————— 8

Gedanken und Charakter ——————— 9

Der Einfluss von Gedanken auf die Umstände ——— 13

Einfluss von Gedanken auf Gesundheit und Körper — 29

Gedanken und Ziel ————————— 33

Der Einfluss der Gedanken auf Erfolg ——— 37

Visionen und Ideale ———————— 42

Gelassenheit ———————————— 48

As a man thinketh ———————— 52

Die komplette originale Version (English

Zu dieser Version

Als mir das Buch zum ersten Mal empfohlen wurde, war ich sehr kritisch. "Ist das wieder so ein Buch, in dem jemand eine große Menschenmenge davon überzeugen will, dass unsere Gedanken und sonst nichts uns ausmachen?"

Ich begann das Buch zu lesen und war begeistert: James Allen verbindet so viel zeitlose Weisheit aus dem frühen 20. Jahrhundert mit dem Wissen, wie wir unser Verhalten ändern können, dass es sehr modern wirkt. Ich fing an mir Notizen zu machen, Wissen zu vergleichen, Querverweise zu erstellen und mir wurde klar, dass es eine Version braucht, in der genug Platz für Notizen ist und man den Text mit den Originalgedanken von James Allen vergleichen kann.
Gesagt, getan.
Geschafft.

Eine neue, verbesserte Übersetzung mit einem luftigeren Satz und genügend Platz für Querverweise und Notizen ist da.

Es ist mir wichtig, unseren Kundinnen und Kunden bei Erfolgsbeschleuniger immer wieder tiefes und wertvolles Wissen mitzugeben, damit sie wachsen, an sich und ihrem Business arbeiten und letztendlich ein erfülltes, glückliches und erfolgreiches Leben führen können. Dabei ist mir die Verbindung von neuen psychologischen und neurologischen Erkenntnissen mit zeitloser Philosophie wichtig.

'As a man thinketh' von James Allen bietet einen solchen kurzen, zeitlosen und sehr tiefgründigen Ansatz, und wenn ein Buch wie dieses über einen so langen Zeitraum eine ganze Bewegung prägt, dann sollte man sich mit seinem Inhalt näher beschäftigen.

Tobi Krick - Erfolgsbeschleuniger

ORIGINALVORWORT

Dieses kleine Büchlein ist das Ergebnis von Meditation und eigenen Erfahrungen. Es ist nicht dafür gedacht, das Thema der Kraft der Gedanken vollständig zu behandeln. Anstatt Dir eine umfangreiche Erklärung zu bieten, soll es Dich eher anregen, die Wahrheit selbst zu entdecken und immer mehr zu verstehen:

"Du bist der Schöpfer Deiner Selbst."

Und zwar durch Deine Gedanken, die Du wählst und förderst. Dein Geist[1] ist der Meisterweber. Sowohl des inneren Gewandes des Charakters als auch des äußeren Gewandes der Umstände. Und was Du bisher in Unwissenheit und Schmerz gewebt haben magst, kannst Du nun in Erkenntnis[2] und Glück weben.

James Allen

Broad Park Avenue,
Ilfracombe,
England.

---

1 Geist, oder im Original 'mind', kann auch mit Bewusstsein übersetzt werden.
2 Erkenntnis oder Erleuchtung, im Original: enlightenment

GEDANKEN UND CHARAKTER

Das Sprichwort „Wie der Mensch in seinem Herzen denkt, so ist er"[1] umfasst nicht nur das gesamte Wesen eines Menschen. Es ist so umfassend, dass es sich auf alle Gegebenheiten und Umstände des eigenen Lebens erstreckt. Ein Mensch ist buchstäblich das, was er denkt. Sein Charakter ist die vollständige Summe aller seiner Gedanken.

Wie die Pflanze aus dem Samen entspringt und ohne diesen gar nicht existieren könnte, so entspringt jede Handlung eines Menschen aus den verborgenen Samen der Gedanken und könnte ohne diese nicht erscheinen. Das gilt sowohl für die Handlungen, die man spontan und unbewusst nennt, als auch für solche, die bewusst ausgeführt werden.

Das Tun ist die Blüte des Gedankens. Freude und Leid sind seine Früchte. So erntet der Mensch die süßen und bitteren Früchte seiner eigenen Arbeit.

Das Tun ist die Blüte des Gedankens.

1 vgl. Bibel Lukas 6,45: Ein guter Mensch bringt Gutes hervor aus dem guten Schatz seines Herzens; und ein böser Mensch bringt Böses hervor aus dem bösen Schatz seines Herzens.
Sprüche 23,7: Wie der Mensch in seinem Herzen denkt, so ist er

„Der Gedanke im Bewusstsein hat uns gemacht.
Was wir durch Gedanken sind, wurde gewirkt und erbaut.
Wenn der Geist eines Menschen böse Gedanken hat,
kommt Schmerz über ihn wie das Rad,
das der Ochse hinter sich hat.
Wenn man seine Gedanken rein hält,
so folgt ihm die Freude,
wie sein eigener Schatten.
Gewiss."

Der Mensch ist eine natürliche Entwicklung und keine künstliche Schöpfung. Das Gesetz von Ursache und Wirkung ist im verborgenen Reich der Gedanken ebenso absolut und unveränderlich, wie in der Welt der sichtbaren, materiellen Dinge. Ein edler und gottähnlicher Charakter ist nicht eine Frage der Gunst oder des Zufalls, sondern das natürliche Ergebnis beharrlichen Strebens nach rechtem Denken, das Ergebnis einer langen Verbindung mit gottähnlichen Gedanken. Ein unedler und grober Charakter ist durch denselben Prozess das Ergebnis der ständigen Pflege niederer Gedanken.

Der Mensch erschafft oder vernichtet sich selbst. In der Waffenkammer der Gedanken schmiedet er die Waffen, mit denen er sich selbst zerstört. Er schmiedet auch die Werkzeuge, mit denen er sich himmlische Häuser der Freude, der Kraft und des Friedens baut. Durch die richtige Wahl und Anwendung der Gedanken steigt der Mensch zur göttlichen Vollkommenheit auf. Durch

Missbrauch und falsche Anwendung der Gedanken sinkt er unter das Stufe der Tiere herab. Zwischen diesen beiden Extremen liegen alle Stufen des Charakters, und der Mensch ist ihr Schöpfer und Meister.

Von allen schönen Wahrheiten über die Seele, die in diesem Zeitalter wiederhergestellt und ans Licht gebracht wurden, ist keine erfreulicher und fruchtbarer für die göttliche Verheißung und Zuversicht als die, dass der Mensch der Meister der Gedanken, der Former des Charakters und der Schöpfer und Gestalter seiner Lebensumstände, seiner Umgebung und seines Schicksals ist.

Als ein Wesen von Stärke, Intelligenz und Liebe und als Herr seiner eigenen Gedanken besitzt der Mensch den Schlüssel zu jeder Situation und trägt in sich selbst jene umgestaltende und regenerierende Kraft, durch die er sich selbst zu dem machen kann, was er will.

Der Mensch ist immer der Meister, sogar in seinem schwächsten und verlassensten Zustand. Aber in seiner Schwäche und Erniedrigung ist er der törichte Herr, der seinen

Der Mensch erschafft oder vernichtet sich selbst.

Haushalt schlecht führt. Wenn er beginnt, über seinen Zustand nachzudenken und fleißig nach dem Gesetz zu suchen, auf dem dieser Zustand beruht, wird er zum weisen Meister, der seine Energien mit Klugheit lenkt und seine Gedanken zu fruchtbaren Ergebnissen führt.

Das ist der (sich selbst)[1] bewusste Meister. Der Mensch kann nur so werden, wenn er die Gesetze des Denkens in sich selbst entdeckt. Diese Entdeckung ist ganz und gar eine Sache der Umsetzung[2], der Selbstanalyse und der Erfahrung.

Nur durch viel Suchen und Schürfen werden Gold und Diamanten gewonnen. Der Mensch kann jede mit seinem Wesen verbundene Wahrheit finden, wenn er tief in der Mine seiner Seele gräbt. Dass er der Schöpfer seines Charakters, der Gestalter seines Lebens und der Erbauer seines Schicksals ist, kann er unfehlbar dadurch beweisen, dass er seine Gedanken beobachtet, kontrolliert und verändert, ihre Auswirkungen auf sich selbst, auf andere und auf sein Leben und seine Umstände beobachtet, Ursache und Wirkung durch geduldige Übung und Untersuchung miteinander verbindet und jede Erfahrung, selbst die trivialste, alltägliche Begebenheit, als Mittel nutzt. Dann wird er das Wissen über sich selbst erlangen, das Verständnis, Weisheit und Kraft ist.

In dieser Hinsicht gilt das Gesetz, mehr noch als irgendwo anders:
„Wer sucht, der findet, und wer anklopft, dem wird geöffnet."[3]
Denn nur durch Geduld, Übung und unablässiges Drängen kann der Mensch die Tür des Tempels der Erkenntnis[4] betreten.

---

1 im Original conscious (bewusst); sich selbst bewusst empfinde ich als noch klarer
2 kann auch Anwendung oder Handeln bedeuten; im Original application
3 Angelehnt an eine Bibelstelle; Matthäus 7,7-11: Bittet, so wird euch gegeben; suchet, so werdet ihr finden; klopfet an, so wird euch aufgetan. Denn jeder Bittende empfängt, und der Suchende findet, und dem Anklopfenden wird aufgetan.
4 Auch oft mit Tempel der Weisheit übersetzt.

DER EINFLUSS VON GEDANKEN AUF DIE UMSTÄNDE

Der Geist eines Menschen kann mit einem Garten verglichen werden, den Du[1] bewusst pflegen oder verwildern lassen kannst. Aber ob Du ihn pflegst oder nicht, er wird etwas hervorbringen. Wenn Du keine nützlichen Samen pflanzt, werden die Unkrautsamen ihren Weg finden und weiterhin ihre Art hervorbringen.

So wie ein Gärtner seinen Garten pflegt, indem er das Unkraut entfernt und die Blumen und Früchte wachsen lässt, die er sich wünscht, so kannst Du auch Deinen Geist pflegen. Indem Du alle negativen, nutzlosen und unreinen Gedanken entfernst und die reinen, positiven Gedanken kultivierst, pflegst Du Deinen inneren Garten. Früher oder später wirst Du entdecken, dass Du der wahre Gärtner Deiner Seele bist, der Schöpfer Deines Lebens. Du wirst erkennen, wie die Kräfte der Gedanken und die Elemente des Geistes wirken, um Deinen Charakter, Deine Umstände und Dein Schicksal zu formen.

> **Jeder Mensch ist dort, wo er ist, wegen des Gesetzes seines Seins.**

Gedanken und Charakter sind eins, und da der Charakter nur durch die Umwelt und die Umstände offenbart und entdeckt werden kann, werden die äußeren Lebensumstände eines Menschen immer in harmonischer Beziehung zu seinem inneren Zustand sein.

Das bedeutet nicht, dass die Umstände eines Menschen zu einem bestimmten Zeitpunkt ein Hinweis auf seinen

---

[1] Die persönliche Anrede Du wurde frei übersetzt, damit der Leser sich persönlich angesprochen fühlt. Im Original spricht Allen immer von 'man' oder 'he', also dem allgemeinen 'man'.

gesamten Charakter sind, sondern dass diese Umstände so eng mit einem wesentlichen Gedankenelement in ihm verbunden sind, dass sie für seine Entwicklung zu diesem Zeitpunkt unentbehrlich sind.

Jeder Gedankensamen, der in den Geist gesät wird und dort Wurzeln schlägt, bringt sich selbst hervor.

Jeder Mensch ist dort, wo er ist, wegen des Gesetzes seines Seins. Die Gedanken, die er in seinen Charakter eingebaut hat, haben ihn dorthin gebracht. In der Gestaltung seines Lebens gibt es kein Element des Zufalls, sondern alles ist das Ergebnis eines Gesetzes, das nicht irren kann. Das gilt sowohl für diejenigen, die sich mit ihrer Umwelt nicht im Einklang fühlen, als auch für diejenigen, die mit ihr zufrieden sind.

Als ein fortschreitendes und sich entwickelndes Wesen ist der Mensch dort, wo er ist, um zu lernen, damit er wachsen kann. Wenn er die spirituelle Lektion lernt, die jeder Umstand für ihn enthält, zieht sie vorbei und macht anderen Umständen Platz.

Solange der Mensch glaubt, er sei ein Geschöpf äußerer Bedingungen, wird er von den Umständen herumgestoßen. Wenn er aber erkennt, dass er eine schöpferische Kraft ist und dass er über den verborgenen Boden und die Saat seines Wesens, aus denen die Umstände wachsen, befehlen kann, wird er zum rechtmäßige Meister seiner selbst.

Gute Gedanken tragen gute Frucht. Schlechte Gedanken schlechte Frucht.

Jeder, der sich eine Zeit lang in Selbstbeherrschung und Selbstreinigung geübt hat, weiß, dass die Umstände aus den Gedanken entstehen. Denn er wird bemerkt haben, dass die Veränderung seiner Umstände in genauem Verhältnis zu der Veränderung seines geistigen Zustandes steht. Das ist so wahr, dass ein Mensch, der sich ernsthaft bemüht, die Mängel seines Charakters zu beheben, und dabei schnelle und deutliche Fortschritte macht, rasch durch eine Reihe von Wechselfällen des Lebens hindurchgeht.

Die Seele zieht an, was sie insgeheim in ihr trägt. Was sie liebt und auch was sie fürchtet. Sie erreicht die Höhe ihrer gehegten Wünsche, sie fällt auf die Ebene ihrer ungezügelten Begierden herab. Die Lebensumstände sind die Mittel, durch die sich die Seele selbst empfängt.

Jeder Gedankensamen, der in den Geist gesät wird oder hineinfällt und dort Wurzeln schlägt, bringt sich selbst hervor. Früher oder später blüht er zu einer Handlung auf und trägt je nach Gelegenheit und Umständen seine eigenen Früchte. Gute Gedanken bringen gute Früchte, böse Gedanken bringen böse Früchte.

Die äußere Welt der Umstände formt sich nach der inneren Welt der Gedanken. Sowohl angenehme als auch unangenehme äußere Umstände sind Faktoren, die zum letztendlichen Wohlergehen des Individuums beitragen. Der Mensch lernt sowohl das Leiden als auch den Segen.

Die Umstände machen den Menschen nicht. Sie offenbaren ihn, wie er ist.

Indem der Mensch seinen innersten Wünschen, Bestrebungen und Gedanken folgt, von denen er sich beherrschen lässt, indem er den Irrlichtern der unreinen Fantasie folgt oder unbeirrt den Weg des starken und hohen Strebens geht, gelangt er schließlich zu deren Verwirklichung und Erfüllung in den äußeren Bedingungen seines Lebens.

Die Gesetze des Wachstums und der Anpassung gelten überall.

Ein Mensch kommt nicht durch die Tyrannei des Schicksals oder der Umstände ins Armenhaus oder ins Gefängnis, sondern durch niedere Gedanken und niedere Begierden. Auch ein Mensch von reiner Gesinnung wird nicht plötzlich durch irgendeine äußere Kraft zum Verbrecher. Der verbrecherische Gedanke ist lange heimlich in seinem Herzen gehegt worden, und in der rechten Stunde bricht sich nur die aufgestaute Energie.

Die Umstände machen den Menschen nicht.
Sie offenbaren ihn, wie er ist.

Der Abstieg zum Laster und zu den Leiden, die es mit
sich bringt, ist ohne bösartige Neigungen nicht möglich.
Der Aufstieg zur Tugend und zu ihrem reinen Glück
nicht ohne die beständige Pflege tugendhaften Strebens.
So ist der Mensch als Herr und Meister des Denkens .
Schöpfer seiner selbst, Gestalter und Urheber seiner
Verhältnisse. Schon bei der Geburt kommt die Seele zu
sich selbst, und auf jeder Stufe ihrer irdischen Pilger-
schaft zieht sie jene Kombinationen von Bedingungen
an, die sich ihr als Spiegel ihrer eigenen Reinheit und
Unreinheit, ihrer Stärke und Schwäche offenbaren.

Der Mensch zieht nicht an, was er will, sondern was er
ist. Seine Launen, Fantasien und Ambitionen werden
auf Schritt und Tritt durchkreuzt, aber seine innersten
Gedanken und Wünsche werden von seiner eigenen
Nahrung genährt, sei sie nun verdorben oder rein. Die
„Göttlichkeit, die unsere Ziele formt"[1], ist in uns selbst;
sie ist unser eigenes Selbst.

Der Mensch ist nur durch sich selbst gebunden: Denken
und Handeln sind die Kerkermeister des Schicksals - sie
halten gefangen, weil sie unedel sind; sie sind auch die
Engel der Freiheit - sie befreien, weil sie edel sind. Der
Mensch bekommt nicht, was er wünscht und bittet, sondern was er verdient. Seine Wünsche und Gebete wer-

---

[1] Bezug auf Shakespears Hamlet Akt 5, Szene 2: "there's a divinity that
shapes our end"; es bedeutet, dass Gott die Kontrolle hat, selbst wenn
Menschen ihre eigenen Wege versuchen zu gehen

den nur dann erfüllt und erhört, wenn sie mit seinem Denken und Handeln übereinstimmen.

Was bedeutet nun im Lichte dieser Wahrheit der „Kampf gegen die Umstände"? Es bedeutet, dass der Mensch sich ständig gegen eine äußere Wirkung auflehnt, während er die ganze Zeit die Ursache in seinem Herzen nährt und bewahrt. Diese Ursache kann die Form eines bewussten Lasters oder einer unbewussten Schwäche annehmen; aber was immer es ist, es behindert hartnäckig die Bemühungen seines Besitzers und ruft daher laut nach Abhilfe.

Die Menschen wollen die Verhältnisse verbessern, aber sie sind nicht bereit, sich selbst zu verbessern; deshalb bleiben sie gefesselt. Wer sich nicht scheut, sich selbst zu kreuzigen, kann das Ziel, auf das sein Herz gerichtet ist, nicht verfehlen. Das gilt für das Irdische, wie für das Himmlische. Selbst derjenige, dessen einziges Ziel es ist, Reichtum zu erwerben, muss bereit sein, große persönliche Opfer zu bringen, bevor er sein Ziel erreicht; und wie viel mehr derjenige, der ein starkes und solides Leben führen will.

Hier ist ein Mann, der jämmerlich arm ist. Er ist sehr darauf bedacht, seine Umgebung und seine häuslichen Verhältnisse zu verbessern, und doch drückt er sich ständig vor der Arbeit und überlegt sogar, seinen Arbeitgeber zu betrügen, indem er vorgibt, sein Lohn sei unzureichend. Ein solcher Mensch begreift nicht die einfachsten Grundsätze, auf denen wahrer Wohlstand beruht. Er ist nicht nur völlig unfähig, sich aus seinem Elend zu befreien, sondern zieht sich durch sein Leben und seine trägen, trügerischen und unmännlichen Gedanken noch größeres Elend zu.

Dann ist da ein reicher Mann, der an einer schmerzhaften und hartnäckigen Krankheit leidet, die von Völlerei herrührt. Er ist bereit, große Geldsummen auszugeben, um diese Krankheit loszuwerden, aber er will seine unersättlichen Gelüste nicht aufgeben. Er will seine Vorliebe für reichhaltige und unnatürliche Speisen befriedigen und dabei gesund bleiben. Ein solcher Mensch ist für die Gesundheit völlig ungeeignet, denn er hat die ersten Grundsätze eines gesunden Lebens noch nicht gelernt.

Menschen ziehen nicht an, was sie wollen, sondern das, was sie sind.

Oder betrachten wir einen Arbeitgeber, der sich mit unlauteren Mitteln vor der Zahlung des gesetzlichen Lohnes drückt und in der Hoffnung auf größeren Gewinn die Löhne seiner Arbeiter kürzt. Ein solcher Mensch ist für den Wohlstand gänzlich ungeeignet, und wenn er sich sowohl an Ansehen als auch an Vermögen ruiniert findet, so schiebt er die Schuld auf die Umstände, ohne zu wissen, dass er der alleinige Urheber seines Zustandes ist.

Ich habe diese drei Fälle nur angeführt, um die Wahrheit zu veranschaulichen, dass der Mensch, wenn auch fast immer unbewusst, der Verursacher seiner Umstände ist. Dass er, während er ein gutes Ziel anstrebt, ständig dessen Verwirklichung vereitelt, indem er Gedanken und Wünsche fördert, die sich mit diesem Ziel unmöglich vereinbaren lassen. Solche Beispiele ließen sich fast beliebig aufführen und variieren, aber das ist nicht nötig, denn der Leser kann, wenn er will, die Wirkung der Denkgesetze in seinem eigenen Geist und Leben nachvollziehen. Solange das nicht geschehen ist, können die rein äußeren Tatsachen nicht als Grundlage der Argumentation dienen.

Glückseligkeit, nicht materieller Besitz, ist der Maßstab rechten Denkens.

Die Verhältnisse sind aber so kompliziert, das Denken so tief verwurzelt, und die Bedingungen des Glücks von Mensch zu Mensch so verschieden, dass der ganze Seelenzustand eines Menschen, auch wenn er ihm selbst bekannt ist, von einem anderen nicht allein nach dem Äußeren seines Lebens beurteilt werden kann. Ein Mensch kann in gewisser Hinsicht ehrlich sein und dennoch Entbehrungen erleiden. Ein Mensch kann in gewisser Hinsicht unehrlich sein und dennoch Reichtum erwerben, aber die Schlussfolgerung, die gewöhnlich gezogen wird, dass der eine wegen seiner besonderen Ehrlichkeit scheitert und der andere wegen seiner besonderen Unehrlichkeit gedeiht, ist das

Ergebnis eines oberflächlichen Urteils, das annimmt, dass der unehrliche Mensch fast völlig verdorben und der ehrliche Mensch fast völlig tugendhaft ist. Im Lichte tieferer Erkenntnis und umfassenderer Erfahrung erweist sich ein solches Urteil als falsch. Der Unehrliche mag einige bewundernswerte Tugenden haben, die dem Anderen fehlen. Der Ehrliche mag abscheuliche Laster haben, die dem Anderen fehlen. Der ehrliche Mensch erntet die guten Früchte seines ehrlichen Denkens und Handelns. Er bringt auch die Leiden auf sich, die seine Laster hervorbringen. Der unehrliche Mensch erntet auch sein eigenes Leid und Glück.

Es gefällt der menschlichen Eitelkeit zu glauben, dass jemand wegen seiner Tugend leidet. Aber erst wenn ein Mensch jeden kranken, bitteren und unreinen Gedanken aus seinem Geist ausgetilgt und jeden sündigen Fleck von seiner Seele gewaschen hat, kann er wissen und erklären, dass seine Leiden die Folge seiner guten und nicht seiner schlechten Eigenschaften waren. Und auf dem Wege zu dieser höchsten Vollkommenheit, aber lange bevor er sie erreicht, wird er in seinem Geiste und in seinem Leben das große Gesetz wirken sehen, das absolut gerecht ist und daher weder Gutes für Böses noch Böses für Gutes geben kann. Im Besitz dieses Wissens wird er dann, wenn er auf seine frühere Unwissenheit und Blindheit zurückblickt, erkennen, dass sein Leben gerecht geordnet ist und immer war, und dass alle seine früheren Erfahrungen, ob gut oder schlecht, das gerechte Ergebnis seines sich entwickelnden, noch unentwickelten Selbst waren.

Gute Gedanken und Handlungen können niemals schlechte Ergebnisse hervorbringen. Schlechte Gedanken und Handlungen können niemals gute Ergebnisse hervorbringen.

Das ist nichts anderes, als wenn man sagt, dass aus Korn nichts anderes als Korn entstehen kann und aus Brennnesseln nichts anderes als Brennnesseln. Die Menschen verstehen dieses Gesetz in der natürlichen Welt und arbeiten mit ihm, aber nur wenige verstehen es in der geistigen und moralischen Welt, obwohl seine Wirkung dort ebenso einfach und unerschütterlich ist. Deshalb arbeiten sie nicht mit ihm.

Leiden ist immer die Folge von falschem Denken in irgendeiner Richtung. Es ist ein Zeichen dafür, dass der Mensch mit sich selbst, mit dem Gesetz seines Seins, nicht im Einklang ist. Der einzige und höchste Zweck des Leidens ist die Reinigung, das Ausbrennen alles Unnützen und Unreinen. Wer rein ist, für den hört das Leiden auf. Es wäre sinnlos, Gold zu verbrennen, nachdem man die Schlacke entfernt hat, und ein vollkommen reines und erleuchtetes Wesen könnte nicht leiden.

Die Umstände, unter denen ein Mensch leidet, sind das Ergebnis seiner eigenen geistigen Harmonie. Die Umstände, unter denen ein Mensch glücklich ist, sind das Ergebnis seiner eigenen geistigen Harmonie. Glück[1], nicht materieller Besitz, ist das Maß rechten Denkens. Elend, nicht Mangel an materiellem Besitz, ist das Maß falschen Denkens. Ein Mensch kann verflucht und reich sein; er kann gesegnet und arm sein. Glückseligkeit und Reichtum sind nur dann miteinander verbunden, wenn der Reichtum richtig und weise verwendet wird. Der Arme versinkt nur dann im Elend, wenn er sein Los als eine ungerecht auferlegte Last betrachtet.

Bedürftigkeit und Schwelgerei sind die beiden Extreme des Unglücks. Beide sind gleichermaßen unnatürlich und das Ergebnis einer geistigen Störung. Der Mensch ist erst dann ein richtiger Mensch, wenn er ein glückliches, gesundes und wohlhabendes Wesen ist. Glück, Gesundheit und Wohlstand sind das Ergebnis einer harmonischen Übereinstimmung von Innen und Außen, von Mensch und seiner Umgebung.

> **Der Mensch fängt erst dann an, ein Mensch zu sein, wenn er aufhört zu jammern.**

Der Mensch fängt erst dann an, ein Mensch zu sein, wenn er aufhört zu jammern und sich zu beklagen und anfängt, nach der verborgenen Gerechtigkeit zu suchen, die sein Leben regelt. In dem Maße, in dem er seinen Geist an diesen regulierenden Faktor anpasst, hört er auf, andere für seinen Zustand verantwortlich zu machen, und baut sich selbst in starken und edlen Gedan-

---

[1] Glück bedeutet mehr Glückseligkeit oder Segnungen. Im Original: blessedness

ken auf. Er hört auf, gegen die Umstände zu kämpfen, und beginnt, sie als Mittel zu benutzen, um schneller voranzukommen und die verborgenen Kräfte und Möglichkeiten in sich selbst zu entdecken.

Ordnung[1], nicht Verwirrung, ist das herrschende Prinzip im Universum. Gerechtigkeit, nicht Ungerechtigkeit, ist die Seele und Substanz des Lebens. Rechtschaffenheit, nicht Korruption, ist die formende und bewegende Kraft in der geistigen Regierung der Welt.

Da dies so ist, braucht der Mensch nur sich selbst in Ordnung zu bringen, um festzustellen, dass das Universum in Ordnung ist. Während er sich selbst in Ordnung bringt, wird er feststellen, dass, wenn er seine Gedanken gegenüber den Dingen und anderen Menschen ändert, die Dinge und anderen Menschen sich ihm gegenüber ändern werden.

Der Beweis für diese Wahrheit liegt in jedem Menschen selbst und kann daher durch systematische Selbstbeobachtung und Selbstanalyse leicht erforscht werden.

Wenn ein Mensch seine Gedanken radikal ändert, wird er erstaunt sein, wie schnell sich dadurch die materiellen Bedingungen seines Lebens ändern. Die Menschen bilden sich ein, dass Gedanken geheim gehalten werden können, aber das können sie nicht. Sie kristallisieren sich schnell zur Gewohnheit, und die Gewohnheit

[1] wortwörtlich eigentlich Gesetz.

verfestigt sich zur Wirklichkeit. Bestialische Gedanken kristallisieren sich zu Gewohnheiten der Trunkenheit und Sinnlichkeit, die sich in Umständen des Elends und der Krankheit verfestigen. Unreine Gedanken jeder Art kristallisieren sich zu ärgerlichen und verwirrenden Gewohnheiten, die sich in ablenkenden und ungünstigen Umständen verfestigen. Gedanken der Angst, des Zweifels und der Unentschlossenheit kristallisieren sich zu schwachen, unmännlichen und unentschlossenen Gewohnheiten, die sich in Umständen des Versagens, der Bedürftigkeit und der sklavischen Abhängigkeit verfestigen.

Faule Gedanken kristallisieren sich zu Gewohnheiten der Unsauberkeit und Unehrlichkeit, die sich in Verhältnissen der Verkommenheit und des Bettelns verfestigen. Hasserfüllte und verurteilende Gedanken kristallisieren sich zu Gewohnheiten der Anklage und Gewalt, die sich in Verhältnissen der Verletzung und Verfolgung verfestigen. Selbstsüchtige Gedanken aller Art kristallisieren sich zu Gewohnheiten der Selbstsucht, die sich in mehr oder weniger leidvollen Verhältnissen verfestigen.

Andererseits kristallisieren sich schöne Gedanken aller Art zu Gewohnheiten der Anmut und Güte, die sich in genialen und sonnigen Umständen verfestigen. Reine Gedanken kristallisieren sich zu Gewohnheiten der Mäßigung und Selbstbeherrschung, die sich in Umständen der Ruhe und des Friedens verfestigen. Gedanken des

Mutes, des Selbstvertrauens und der Entschlossenheit kristallisieren sich zu männlichen Gewohnheiten, die sich in Umständen des Erfolges, des Überflusses und der Freiheit verfestigen.

Die Natur hilft jedem Menschen bei der Erfüllung der am meisten gehegten Gedanken. Tatkräftige Gedanken kristallisieren sich zu Gewohnheiten der Sauberkeit und des Fleißes, die sich in Umständen der Bequemlichkeit verfestigen. Sanfte und vergebende Gedanken kristallisieren sich zu Gewohnheiten der Sanftmut, die sich in schützenden und bewahrenden Umständen verfestigen. Liebevolle und selbstlose Gedanken kristallisieren sich zu Gewohnheiten der Selbstvergessenheit für andere, die sich in Umständen sicheren und dauerhaften Wohlstands und wahren Reichtums verfestigen.

Eine bestimmte beharrliche Denkweise, ob gut oder schlecht, kann ihre Wirkung auf den Charakter und die Umstände nicht verfehlen. Der Mensch kann seine Umstände nicht direkt wählen, aber er kann seine Gedanken wählen und so indirekt, aber sicher, seine Umstände formen.

Die Natur hilft jedem Menschen, die Gedanken zu befriedigen, die er am meisten fördert, und die Gelegenheiten, die sich ihm bieten, bringen sowohl die guten als auch die schlechten Gedanken am schnellsten an die Oberfläche.

Lass einen Menschen seine sündigen Gedanken aufgeben, und die ganze Welt wird sich ihm zuwenden und ihm helfen. Lass ihn seine schwachen und kranken Gedanken aufgeben und sieh: Überall werden sich Gelegenheiten bieten, seinen starken Entschlüssen zu helfen. Lass ihn seine guten Gedanken fördern, und kein hartes Schicksal wird ihn an Elend und Schande binden.

Die Welt ist Dein Kaleidoskop, und die wechselnden Farbkombinationen, die sie Dir in jedem Augenblick bietet, sind die fein abgestimmten Bilder Deiner sich ständig bewegenden Gedanken.

Du wirst sein, was du sein willst;
Lass das Scheitern seinen falschen Inhalt finden
In dem armen Wort ‚Umwelt‘.
Doch der Geist verschmäht es und ist frei.

Er beherrscht die Zeit, er erobert den Raum;
Er besiegt den prahlerischen Betrüger, den Zufall,
und befiehlt den Tyrannen Umstand
seine Krone abzulegen
und den Platz eines Dieners einzunehmen.

Der menschliche Wille, die unsichtbare Kraft,
der Spross einer unsterblichen Seele,
kann sich den Weg zu jedem Ziel bahnen,
auch wenn Granitmauern dazwischen stehen.

Sei nicht ungeduldig in der Verspätung,
sondern warte wie einer, der versteht:
Wenn der Geist sich erhebt und befiehlt,
So gehorchen die Götter.

EINFLUSS VON GEDANKEN AUF GESUNDHEIT UND KÖRPER

Der Körper ist der Diener des Geistes. Er gehorcht den Handlungen des Geistes, seien sie bewusst gewählt oder spontan ausgedrückt. Unter dem Befehl unrechter Gedanken versinkt der Körper schnell in Krankheit und Verfall. Unter dem Befehl freudiger und schöner Gedanken kleidet er sich in Jugend und Schönheit.

Krankheit und Gesundheit haben wie die Umstände ihre Wurzeln in den Gedanken. Kranke Gedanken drücken sich in einem kranken Körper aus. Es ist bekannt, dass Angstgedanken einen Menschen so schnell töten können, wie eine Kugel. Sie töten ständig Tausende von Menschen ebenso sicher, wenn auch nicht so schnell. Menschen, die in Angst vor Krankheit leben, werden krank. Angst zermürbt schnell den ganzen Körper und macht ihn anfällig für Krankheiten, während unreine Gedanken, auch wenn sie nicht körperlich ausgedrückt werden, schnell das Nervensystem zerstören.

Starke, reine und glückliche Gedanken stärken den Körper in Kraft und Anmut. Der Körper ist ein empfindliches und formbares Instrument, das bereitwillig auf die Gedanken reagiert, die ihm eingeprägt werden. Die Denkgewohnheiten werden ihre eigenen Auswirkungen auf ihn haben, seien sie gut oder schlecht.

Aus einem reinen Herzen entstehen ein reines Leben und ein reiner Körper.

Die Menschen werden unreines und vergiftetes Blut haben, solange sie unreine Gedanken verbreiten. Aus einem reinen Herzen kommt ein reines Leben und ein reiner Körper. Aus einem unreinen Geist kommen ein unreines Leben und ein unreiner Körper.

Gedanken sind die Quelle von Taten, Leben und Manifestation. Reinige die Quelle und alles wird rein.

Eine Ernährungsumstellung wird einem Menschen nicht helfen, wenn er seine Gedanken nicht ändert. Wenn ein Mensch seine Gedanken rein macht, wird er nicht mehr nach unreiner Nahrung verlangen.

Reine Gedanken führen zu reinen Gewohnheiten. Der sogenannte Heilige, der seinen Körper nicht wäscht, ist kein Heiliger. Wer seine Gedanken gestärkt und gereinigt hat, braucht sich um die bösen Mikroben keine Sorgen zu machen.

Wenn Du Deinen Körper schützen willst, schütze Deinen Geist. Wer seinen Körper erneuern will, verschönere seinen Geist. Gedanken der Bosheit, des Neides, der Enttäuschung, der Mutlosigkeit rauben dem Körper Gesundheit und Anmut. Ein saures Gesicht kommt nicht von ungefähr. Es entsteht durch saure Gedanken. Hässliche Falten entstehen durch Dummheit, Leidenschaft, Stolz.

Ich kenne eine 96-jährige Frau, die das strahlende, unschuldige Gesicht eines Mädchens hat. Ich kenne einen Mann, der noch nicht einmal die Mitte seines Lebens erreicht hat und dessen Gesicht unharmonische Konturen aufweist. Das eine ist das Ergebnis eines sanften und heiteren Gemüts, das andere das Ergebnis von Leidenschaft und Unzufriedenheit.

So wie man keine angenehme und gesunde Wohnung haben kann, wenn man nicht ungehindert Luft und Sonnenschein in die Räume lässt, so kann man nur dann einen starken Körper und ein strahlendes, glückliches oder heiteres Gesicht haben, wenn man Gedanken der Freude, des Wohlwollens und der Heiterkeit ungehindert in den Geist lässt.

Auf den Gesichtern der Alten findet man Falten, die durch Mitleid entstanden sind. Andere durch starke und reine Gedanken. Wieder andere durch Leidenschaft. Wer kann sie nicht unterscheiden? Bei denen, die rechtschaffen gelebt haben, ist das Alter ruhig, friedlich und sanft wie die untergehende Sonne.

Kürzlich sah ich einen Philosophen auf dem Sterbebett liegen. Er war nicht alt, außer an Jahren. Er starb so sanft und friedlich, wie er gelebt hatte.

Es gibt keinen Arzt, der die Leiden des Körpers besser vertreibt als heitere Gedanken. Es gibt keinen Tröster, der die Schatten des Kummers und der Sorgen besser vertreibt als das Wohlwollen. Wer ständig in Gedanken der Böswilligkeit, des Zynismus, des Misstrauens und des Neides lebt, ist in einem selbst gemachten Gefängnis gefangen. Aber von allen Gutes zu denken, mit allen fröhlich zu sein, geduldig zu lernen, in allen das Gute zu finden - solche selbstlosen Gedanken sind die Tore zum Himmel; und jeden Tag in Gedanken des Friedens mit jedem Geschöpf zu verweilen, wird seinem Besitzer reichlich Frieden bringen.

GEDANKEN UND ZIEL

Solange Gedanken nicht mit einem Ziel verbunden sind, gibt es keine intelligente Errungenschaft. Die meisten Menschen lassen ihr Gedankenschiff auf dem Ozean des Lebens treiben. Ziellosigkeit ist ein Laster, und wer Katastrophen und Zerstörung vermeiden will, darf nicht so dahintreiben.

Wer kein wichtiges Ziel in seinem Leben hat, wird leicht Opfer von kleinlichen Sorgen, Ängsten, Problemen und Selbstmitleid, die allesamt Zeichen von Schwäche sind. Sie werden ebenso sicher wie absichtlich geplante Sünden, wenn auch auf einem anderen Weg, zu Versagen, Unglück und Verlust führen, denn Schwäche kann in einem sich kraftvoll entwickelnden Universum nicht bestehen.

> **Wer kein wichtiges Ziel in seinem Leben hat, wird leicht Opfer von kleinlichen Sorgen.**

Ein Mensch sollte sich in seinem Herzen ein richtiges Ziel vorstellen und sich auf den Weg machen, es zu erreichen. Er sollte dieses Ziel zum Mittelpunkt seines Denkens machen. Es kann die Form eines geistigen Ideals annehmen oder ein weltliches Ziel sein, je nach seiner Natur. Was es auch sein mag, er sollte seine Gedankenkräfte ständig auf das Ziel konzentrieren, das er sich gesetzt hat. Er sollte dieses Ziel zu seiner obersten Pflicht machen und sich seiner Verwirklichung widmen, ohne seine Gedanken in flüchtige Fantasien, Wünsche und Vorstellungen abschweifen zu lassen. Das ist der

Königsweg zur Selbstbeherrschung und zur wahren Konzentration der Gedanken. Auch wenn er immer wieder scheitert, sein Ziel zu erreichen, was unvermeidlich ist, solange er seine Schwäche nicht überwunden hat, wird die gewonnene Charakterstärke das Maß seines wahren Erfolges sein. Dies wird ein neuer Ausgangspunkt für künftige Kraft und Triumph sein.

Diejenigen, die nicht darauf vorbereitet sind, ein großes Ziel zu erreichen, sollten ihre Gedanken auf die tadellose Erfüllung ihrer Pflicht richten, wie unbedeutend die Aufgabe auch erscheinen mag. Nur auf diese Weise können die Gedanken gesammelt und konzentriert, Entschlossenheit und Energie entwickelt werden, und wenn dies getan ist, gibt es nichts, was nicht erreicht werden kann.

Ein Mensch sollte sich in seinem Herzen ein richtiges Ziel vorstellen und sich auf den Weg machen, es zu erreichen. Die schwächste Seele, die ihre eigene Schwäche kennt und an diese Wahrheit glaubt, dass Stärke nur durch Anstrengung und Übung entwickelt werden kann, wird, wenn sie daran glaubt, sofort anfangen sich anzustrengen. Indem sie Anstrengung zu Anstrengung, Geduld zu Geduld und Kraft zu Kraft hinzufügt, wird sie nie aufhören, sich zu entwickeln und schließlich göttlich stark zu werden.

Wie der körperlich Schwache durch sorgfältiges und geduldiges Training stark werden kann, so kann der geistig Schwache durch Übung im richtigen Denken stark werden.

Die Ziellosigkeit und die Schwäche abzulegen und zu beginnen, mit einer klaren Intention zu denken, bedeutet, sich in die Reihen der Starken einzureihen, die nur das Scheitern als einen der Wege zum Erfolg anerkennen, die alle Bedingungen zu ihrem Vorteil nutzen, die stark denken, furchtlos versuchen und meisterhaft Erfolg haben.

Wenn ein Mensch sich seines Zieles bewusst ist, sollte er im Geiste einen geraden Weg zu seiner Verwirklichung abstecken und weder nach rechts noch nach links schauen. Zweifel und Ängste sollten rigoros ausgeschlossen werden. Sie sind zersetzende Elemente, die die gerade Linie der Anstrengung unterbrechen und sie krumm, unwirksam und nutzlos machen. Die Gedanken des Zweifels und der Furcht bewirken nichts und können nichts bewirken. Sie führen immer zum Misserfolg. Zielstrebigkeit, Energie, Tatkraft und alle starken Gedanken hören auf, wenn sich Zweifel und Angst einschleichen.

Der Wille zum Handeln kommt aus dem Wissen, dass wir etwas tun können. Zweifel und Angst sind die großen Feinde des Wissens, und wer sie nährt, wer sie nicht tötet, der vereitelt sich selbst auf Schritt und Tritt.

Wer Zweifel und Angst besiegt hat, hat das Scheitern besiegt.

Wer Zweifel und Angst besiegt hat, hat das Scheitern besiegt. Jeder seiner Gedanken ist mit Macht verbunden, und alle Schwierigkeiten werden mutig angegangen und weise überwunden. Seine Ziele werden zur rechten Zeit gepflanzt, sie blühen und bringen Früchte, die nicht vorzeitig zu Boden fallen.

Gedanken, die furchtlos mit Zielen verbunden sind, werden zu schöpferischer Kraft. Wer dies weiß, ist bereit, etwas Höheres und Stärkeres zu werden als nur ein Bündel schwankender Gedanken und wabernder Empfindungen.

Wer dies tut, ist ein bewusster und kluger Nutzer seiner geistigen Kräfte geworden.

DER EINFLUSS DER GEDANKEN AUF ERFOLG

Alles, was ein Mensch erreicht oder nicht erreicht, ist das direkte Ergebnis seiner eigenen Gedanken. In einem gerecht geordneten Universum, in dem der Verlust des Gleichgewichts die völlige Zerstörung bedeuten würde, muss die Verantwortung des einzelnen absolut sein. Die Schwäche und die Stärke, die Reinheit und die Unreinheit eines Menschen, sind seine eigenen und nicht die eines anderen. Sie werden von ihm selbst hervorgerufen und nicht von einem anderen. Sie können nur von ihm selbst geändert werden, niemals von einem anderen. Auch sein Zustand ist sein eigener und nicht der eines anderen Menschen. Sein Leid und sein Glück kommen aus seinem Innern.

> **Wie er denkt, ist er. Wie er weiterhin denkt, bleibt er.**

Wie er denkt, ist er.
Wie er weiterhin denkt, bleibt er.

Ein Starker kann einem Schwachen nicht helfen, es sei denn, der Schwache ist bereit, sich helfen zu lassen. Selbst dann muss der Schwache aus sich selbst heraus stark werden. Er muss die Stärke, die er an einem anderen bewundert, durch eigene Anstrengung entwickeln. Niemand außer ihm selbst kann seinen Zustand ändern.

Es war üblich, dass die Menschen dachten und sagten: „Viele Menschen sind Sklaven, weil einer ein Unterdrücker ist; lasst uns den Unterdrücker hassen". Jetzt aber neigen immer mehr Menschen dazu, dieses Urteil umzukehren und zu sagen: „Ein Mensch ist ein Unterdrücker, weil viele Sklaven sind; lasst uns die Sklaven verachten."

Die Wahrheit ist, dass Unterdrücker und Sklave in Unwissenheit zusammenarbeiten, und während sie sich gegenseitig zu quälen scheinen, quälen sie sich in Wirklichkeit selbst. Vollkommenes Wissen erkennt in der Schwäche des Unterdrückten und in der missbräuchlichen Macht des Unterdrückers das Wirken des Gesetzes. Vollkommene Liebe, die das Leiden sieht, das beide Zustände mit sich bringen, verurteilt keinen von beiden. Vollkommenes Mitleid umfasst Unterdrücker und Unterdrückte.

Wer die Schwäche überwunden und alle selbstsüchtigen Gedanken abgelegt hat, gehört weder zum Unterdrücker noch zum Unterdrückten.
Er ist frei.

Ein Mensch kann nur aufsteigen, siegen und etwas erreichen, wenn er seine Gedanken erhebt. Er kann nur schwach, armselig und elend bleiben, wenn er sich weigert, seine Gedanken zu erheben.

Bevor ein Mensch etwas erreichen kann, auch in weltlichen Dingen, muss er seine Gedanken über die sklavische Befriedigung tierischer Begierden erheben. Um

Erfolg zu haben, muss er keineswegs alles Tierische und Selbstsüchtige aufgeben. Aber wenigstens ein Teil davon muss geopfert werden. Ein Mensch, dessen erster Gedanke die Befriedigung tierischer Begierden ist, kann weder klar denken noch methodisch planen. Er kann seine verborgenen Ressourcen nicht finden und entwickeln und wird bei jedem Vorhaben scheitern.

Da er nicht begonnen hat, seine Gedanken auf männliche Weise zu beherrschen, ist er nicht in der Lage, Angelegenheiten zu regeln und ernsthaft Verantwortung zu übernehmen. Er ist nicht fähig, unabhängig zu handeln und selbstständig zu stehen. Aber er ist nur durch die Gedanken begrenzt, die er wählt.

Ohne Opfer kann es keinen Fortschritt und keine Leistung geben, und der weltliche Erfolg eines Menschen hängt davon ab, wie er seine verworrenen animalischen Gedanken aufgibt und seinen Geist darauf konzentriert, seine Pläne zu entwickeln und seine Entschlossenheit und sein Selbstvertrauen zu stärken. Und je höher er seine Gedanken erhebt, desto männlicher, aufrechter und rechtschaffener wird er sein. Desto größer wird sein Erfolg. Desto gesegneter und dauerhafter werden seine Errungenschaften sein.

Das Universum begünstigt nicht die Gierigen, die Unehrlichen, die Bösartigen, auch wenn es auf der Oberfläche manchmal so scheinen mag. Es begünstigt die Ehrlichen, die Großmütigen, die Tugendhaften. Alle großen Lehrer aller Zeiten haben dies auf verschiedene Weise erklärt, und um es zu beweisen und zu wissen, muss der Mensch nur beharrlich daran arbeiten, sich immer tugendhafter zu machen, indem er seine Gedanken erhebt.

Wer viel erreichen will, muss viel opfern.

Weise Errungenschaften sind das Ergebnis von Gedanken, die der Suche nach Wissen oder nach dem Schönen und Wahren im Leben und in der Natur gewidmet sind. Solche Errungenschaften mögen manchmal mit Eitelkeit und Ehrgeiz verbunden sein, aber sie sind nicht das Ergebnis dieser Eigenschaften. Sie sind das natürliche Ergebnis langer und mühsamer Anstrengungen und reiner und selbstloser Gedanken.

Spirituelle Errungenschaften sind die Vollendung heiliger Bestrebungen. Wer ständig in der Vorstellung edler und erhabener Gedanken lebt, wer sich mit allem beschäftigt, was rein und selbstlos ist, der wird, so sicher wie die Sonne ihren Zenit erreicht und der Mond voll ist, weise und edel im Charakter werden und in eine Position des Einflusses und der Glückseligkeit aufsteigen.

Errungenschaften, welcher Art auch immer, sind die Krone der Anstrengung, das Diadem des Denkens. Durch Selbstbeherrschung, Entschlossenheit, Reinheit, Rechtschaffenheit und wohlgeleitete Gedanken steigt

der Mensch auf. Durch Tierhaftigkeit, Trägheit, Unreinheit, Verderbtheit und Verwirrung der Gedanken steigt
der Mensch ab.

Ein Mensch kann in der Welt großen Erfolg haben und
sogar im spirituellen Bereich zu luftigen Höhen aufsteigen und dann wieder in Schwäche und Elend versinken,
indem er arroganten, selbstsüchtigen und verdorbenen
Gedanken erlaubt, von ihm Besitz zu ergreifen.

Siege, die durch richtiges Denken errungen wurden,
können nur durch Wachsamkeit aufrechterhalten werden. Viele geben nach, wenn der Erfolg gesichert ist, und
fallen schnell wieder in die Niederlage zurück.

Alle Errungenschaften, seien sie geschäftlicher, geisti-
ger[1] oder seelischer Art, sind das Ergebnis klar gelenk-
ten Denkens. Sie unterliegen demselben Gesetz und
derselben Methode. Der einzige Unterschied liegt im
Objekt der Errungenschaft.

Wer wenig erreichen will, muss wenig opfern.
Wer viel erreichen will, muss viel opfern.
Wer Großes erreichen will, muss noch viel mehr opfern.

---

[1] Kann auch mit spirituell übersetzt werden. Gemeint ist das, was dem
Geist entspringt. Es kann entweder spirituell oder intellektuell ausge-
legt werden.

VISIONEN UND IDEALE

Die Träumer sind die Retter der Welt. Wie die sichtbare Welt vom Unsichtbaren getragen wird, so werden die Menschen trotz all ihrer Prüfungen, Sünden und schmutzigen Neigungen von den schönen Visionen ihrer einsamen Träumer genährt. Die Menschheit kann ihre Träumer nicht vergessen. Sie kann die Ideale der Träumer nicht verblassen und sterben lassen. Sie lebt in ihnen. Sie kennt sie als Realitäten, die sie eines Tages sehen und kennen wird.

Komponist, Bildhauer, Maler, Dichter, Prophet, Weiser, sie sind die Schöpfer der Nachwelt, die Architekten des Himmels. Die Welt ist schön, weil sie gelebt haben. Ohne sie würde die mühselige Menschheit zugrunde gehen.

Die Träumer sind die Retter der Welt. Wer eine schöne Vision, ein erhabenes Ideal in seinem Herzen trägt, wird es eines Tages verwirklichen. Kolumbus hegte die Vision einer anderen Welt und entdeckte sie; Kopernikus hegte die Vision einer Vielzahl von Welten und eines größeren Universums und enthüllte sie; Buddha hegte die Vision einer geistigen Welt von makelloser Schönheit und vollkommenem Frieden und betrat sie.

Hege und pflege Deine Visionen. Hege und Pflege Deine Ideale. Hege die Musik, die in Deinem Herzen erklingt, die Schönheit, die in Deinem Geist entsteht. Die Lieblichkeit, die Deine reinsten Gedanken umhüllt, denn

aus ihnen werden alle herrlichen Zustände, alle himm-
lischen Umgebungen erwachsen, aus denen schließlich
Ihre Welt erbaut wird, wenn Du ihnen nur treu bleibst.

Wünschen heißt erlangen. Streben heißt erreichen. Sollen die niedrigsten Begierden des Menschen die höchste
Befriedigung erhalten, und seine reinsten Bestrebungen
aus Mangel an Nahrung verhungern? So ist das Gesetz
nicht: Ein solcher Zustand der Dinge kann niemals erreicht werden: „Bitte und empfange".[1]

Träume erhabene Träume, und wie Du träumst, so wirst
Du werden. Deine Vision ist die Verheißung dessen, was
Du einmal sein wirst. Dein Ideal ist die Prophezeiung
dessen, was Du schließlich enthüllen wirst.

Die größte Errungenschaft **Träume erhabene Träume,**
war zuerst und für eine **und wie Du träumst, so**
lange Zeit ein Traum. Die **wirst Du werden.**
Eiche schläft in der Eichel.
Der Vogel wartet im Ei. In der höchsten Vision der Seele
regt sich ein wacher Engel. Träume sind die Samen der
Wirklichkeit.

Deine Umstände mögen unangenehm sein, aber sie
werden es nicht lange bleiben, wenn man nur ein Ideal
erkennt und danach strebt, es zu erreichen. Man kann
nicht innerlich reisen und äußerlich stehen bleiben.
Hier ist ein junger Mann, der von Armut und Arbeit ge-

---

[1] Bezug auf die Bibelstelle Matthäus 7,7-11: Bittet, so wird euch gegeben.
Sucht , so werdet ihr finden. Klopft an, so wird euch aufgetan...

plagt ist, der viele Stunden in einer ungesunden Werkstatt eingesperrt ist, der keine Schulbildung hat und dem alle Künste der Verfeinerung fehlen. Aber er träumt von besseren Dingen. Er denkt an Weisheit[1], Kultiviertheit, Anmut und Schönheit. Er stellt sich einen idealen Lebenszustand vor und baut ihn gedanklich auf. Die Vision einer größeren Freiheit und eines größeren Spielraums nimmt von ihm Besitz. Die Unruhe drängt ihn zum Handeln, und er nutzt alle seine freie Zeit und alle Mittel, so gering sie auch sein mögen, um seine verborgenen Kräfte und Ressourcen zu entwickeln. Bald ist sein Geist so verändert, dass die Werkstatt ihn nicht mehr halten kann. Sie passt so wenig zu seiner Mentalität, dass er sie wie ein Kleidungsstück aus seinem Leben wirft und sie für immer verlässt, als die Möglichkeiten wachsen, die seinen wachsenden Kräften entsprechen. Jahre später sehen wir diesen jungen Mann als Erwachsenen.

Wir finden ihn als Meister gewisser Kräfte des Geistes, die er mit weltweitem Einfluss und fast beispielloser Macht einsetzt. In seinen Händen hält er die Fäden gigantischer Verantwortung. Er spricht, und siehe: Leben verändern sich. Männer und Frauen hängen an seinen Worten und formen ihren Charakter neu, und wie die Sonne wird er zum festen und leuchtenden Mittelpunkt, um den sich unzählige Schicksale drehen. Er hat die Vision seiner Jugend verwirklicht.
Er ist eins geworden mit seinem Ideal.

[1] oder Intelligenz

Und auch Du, junger Leser, wirst Deine Vision (nicht nur den trägen Wunsch) Deines Herzens verwirklichen, sei sie nun böse oder schön oder eine Mischung aus beidem, denn Du wirst immer zu dem hingezogen, was Du insgeheim am meisten liebst.

Die genauen Ergebnisse Deiner eigenen Gedanken werden in Deine Hände gelegt. Du wirst bekommen, was Du verdienst, nicht mehr und nicht weniger. Was auch immer Deine gegenwärtige Umgebung sein mag, Du wirst mit Deinen Gedanken, Deiner Vision, Deinem Ideal fallen, bleiben oder aufsteigen. Du wirst so klein werden, wie Dein vorherrschender Wunsch. So groß wie Dein vorherrschendes Streben: In den schönen Worten von Stanton Kirkham Davis[1]:
„Vielleicht führst Du Buch und trittst bald aus der Tür, die Dir so lange als Barriere für Deine Ideale erschien, und findest Dich vor einem Publikum wieder - die Feder noch hinter dem Ohr, die Tintenflecken an den Fingern - und dann und dort wird der Strom Deiner Inspiration fließen. Vielleicht treibst Du Schafe und wanderst in die Stadt - bukolisch und mit offenem Mund. Du wanderst unter der unerschrockenen Führung des Geistes in das Atelier des Meisters, und nach einiger Zeit wird er sagen: ‚Ich habe Dir nichts mehr beizubringen. Und nun bist Du der Meister geworden, der vor kurzem noch beim Schafehüten von großen Dingen träumte. Du wirst Säge und Hobel aus der Hand legen und die Erneuerung der Welt auf Dich nehmen."

---

1 amerikanischer Naturalist und Philosoph, Zeitgenosse von James Allen, 1868-1944

Die Gedankenlosen, Unwissenden und Trägen, die nur die scheinbaren Wirkungen der Dinge sehen und nicht die Dinge selbst, sprechen von Glück, Schicksal und Zufall. Wenn sie sehen, wie jemand reich wird, sagen sie: „Was für ein Glück!" Wenn sie jemanden intellektuell werden sehen, rufen sie aus: „Wie hochbegabt ist er!" Und wenn sie den heiligen Charakter und den großen Einfluss eines anderen sehen, sagen sie: „Wie der Zufall ihm auf Schritt und Tritt hilft!" Sie sehen nicht die Prüfungen, die Misserfolge und die Kämpfe, denen sich diese Menschen freiwillig gestellt haben, um ihre Erfahrungen zu sammeln. Sie wissen nichts von den Opfern, die sie gebracht haben, von den unerschrockenen Anstrengungen, die sie unternommen haben, von dem Glauben, den sie gezeigt haben, um das scheinbar Unüberwindliche zu überwinden und die Vision ihres Herzens zu verwirklichen. Sie kennen die Dunkelheit und den Kummer nicht. Sie sehen nur das Licht und die Freude und nennen es Glück. Sie sehen nicht den langen und beschwerlichen Weg, sondern nur das angenehme Ziel und nennen es Glück. Sie verstehen nicht den Prozess, sondern sehen nur das Ergebnis und nennen es Zufall.

Die Vision, die Du in Deinem Geist verherrlichst, das Ideal, das Du in Deinem Herzen verankerst - darauf wirst Du Dein Leben aufbauen.

Alle menschlichen Angelegenheiten erfordern Anstrengung und es folgen Ergebnis, und die Stärke der Anstrengung ist das Maß des Ergebnisses. Der Zufall ist es nicht. Gaben, Kräfte, materielle, geistige und spirituelle Güter sind die Früchte der Anstrengung. Sie sind vollendete Gedanken, erreichte Ziele, verwirklichte Visionen.

Die Vision, die Du in Deinem Geist verherrlichst, das Ideal, das Du in Deinem Herzen verankerst - darauf wirst Du Dein Leben aufbauen.
Zu dem wirst Du werden.

GELASSENHEIT

Die Gelassenheit des Geistes ist eines der schönsten Juwelen der Weisheit. Sie ist das Ergebnis langer und geduldiger Bemühungen um Selbstbeherrschung. Dein Vorhandensein ist ein Zeichen reifer Erfahrung und überdurchschnittlicher Kenntnis der Gesetze und Prozesse des Denkens.

Ein Mensch wird in dem Maße ruhig, in dem er sich selbst als ein durch das Denken entwickeltes Wesen begreift, denn ein solches Wissen erfordert das Verstehen anderer als Ergebnis des Denkens, und wenn er ein richtiges Verständnis entwickelt und die inneren Zusammenhänge der Dinge durch die Wirkung von Ursache und Wirkung immer klarer erkennt, hört er auf, sich zu ärgern, zu wüten, sich zu sorgen und zu trauern, und bleibt ruhig, standhaft und gelassen.

Nur der Weise, nur derjenige, dessen Gedanken gebändigt und geläutert sind, bringt die Winde und Stürme der Seele dazu, ihm zu gehorchen.

Der ruhige Mensch, der gelernt hat, sich selbst zu beherrschen, weiß sich auf andere einzustellen. Diese wiederum verehren seine geistige Stärke und haben das Gefühl, von ihm lernen und sich auf ihn verlassen zu können. Je ruhiger ein Mensch wird, desto größer ist sein Erfolg, sein Einfluss, seine Macht zum Guten. Sogar der gewöhnliche Kaufmann wird feststellen, dass sein geschäftlicher Erfolg zunimmt, wenn er mehr

Selbstbeherrschung und Gleichmut entwickelt, denn die Menschen werden es immer vorziehen, mit einem Mann Geschäfte zu machen, dessen Verhalten sehr ausgeglichen ist.

Der starke, ruhige Mensch wird immer geliebt und verehrt. Er ist wie ein schattenspendender Baum in einem durstigen Land oder ein schützender Fels in der Brandung. Wer liebt nicht ein ruhiges Herz, ein sanftes, ausgeglichenes Leben? Es ist gleichgültig, ob es regnet oder die Sonne scheint, welche Veränderungen auch immer über diejenigen kommen, die diese Segnungen besitzen, sie sind immer sanft, heiter und ruhig. Diese erlesene Ausgeglichenheit des Charakters, die wir Gelassenheit nennen, ist die letzte Lektion der Kultur. Sie ist die Blüte des Lebens, die Frucht der Seele. Sie ist so kostbar wie die Weisheit und begehrter als Gold, ja sogar als Feingold. Wie unbedeutend erscheint das bloße Streben nach Geld im Vergleich zu einem heiteren Leben - einem Leben, das im Ozean der Wahrheit verweilt, unter den Wellen, jenseits der Reichweite der Stürme, in der ewigen Ruhe!

Wie viele Menschen kennen wir, die ihr Leben verderben, die alles Süße und Schöne durch aufbrausende Launen ruinieren, die ihre Charakterstärke zerstören und böses Blut säen! Es ist die Frage, ob nicht die überwiegende Mehrheit der Menschen durch mangelnde Selbstbeherrschung ihr Leben ruiniert und ihr Glück verdirbt. Wie wenigen Menschen begegnen wir im Leben, die ausgeglichen sind, die jene vorzügliche Haltung besitzen, die den vollendeten Charakter auszeichnet!

Ja, die Menschheit ist erfüllt von unkontrollierter Leidenschaft, stürmisch von unkontrollierter Trauer, hin- und hergeworfen von Angst und Zweifel. Nur der Weise, nur derjenige, dessen Gedanken gebändigt und geläutert sind, bringt die Winde und Stürme der Seele dazu, ihm zu gehorchen.

Sturmgepeitschte Seelen, wo auch immer ihr seid, unter welchen Bedingungen auch immer ihr lebt, wisst dies:

Im Ozean des Lebens lächeln die Inseln der Glückseligkeit, und das sonnige Ufer eures Ideals wartet auf eure Ankunft. Haltet eure Hand fest am Ruder des Denkens. Im Schiff eurer Seele ruht der befehlende Meister. Er schläft nur: Weckt Ihn. Selbstbeherrschung ist Stärke. Richtiges Denken ist Meisterschaft.
Ruhe ist Macht.

Sagt zu eurem Herzen:

„Friede, sei still!"

As A Man Thinketh

BY JAMES ALLEN

FOREWORD

This little volume (the result of meditation and experience) is not intended as an exhaustive treatise on the much-written upon subject of the power of thought. It is suggestive rather

than explanatory, its object being to stimulate men and women to the discovery and perception of the truth that—

"They themselves are makers of themselves"

by virtue of the thoughts which they choose and encourage;

that mind is the master-weaver, both of the inner garment of

character and the outer garment of circumstance, and that, as

they may have hitherto woven in ignorance and pain they

may now weave in enlightenment and happiness.

James Allen

Broad Park Avenue,
Ilfracombe,
England.

THOUGHT AND CHARACTER

The aphorism, "As a man thinketh in his heart so is he," not only embraces the whole of a man's being, but is so comprehensive as to reach out to every condition and circumstance of his life. A man is literally what he thinks, his character being the complete sum of all his thoughts.

As the plant springs from, and could not be without, the seed, so every act of a man springs from the hidden seeds of thought, and could not have appeared without them. This applies equally to those acts called "spontaneous" and "unpremeditated" as to those which are deliberately executed.

Act is the blossom of thought, and joy and suffering are itsvfruits; thus does a man garner in the sweet and bitter fruitage of his own husbandry.

„Thought in the mind hath made us, What we are
By thought was wrought and built. If a man's mind
Hath evil thoughts, pain comes on him as comes
The wheel the ox behind. . . .
. . If one endure
In purity of thought, joy follows him
As his own shadow—sure."

Man is a growth by law, and not a creation by artifice, and cause and effect is as absolute and undeviating in the hidden realm of thought as in the world of visible and material things. A noble and Godlike character is not a thing of favour or chance, but is the natural result of continued effort in right thinking, the effect of long-cherished association with Godlike thoughts. An ignoble and bestial character, by the same process, is the result of the continued harbouring of grovelling thoughts.

Man is made or unmade by himself; in the armoury of thought he forges the weapons by which he destroys himself; he also fashions the tools with which he builds for himself heavenly mansions of joy and strength and peace.

By the right choice and true application of thought, man ascends to the Divine Perfection; by the abuse and wrong application of thought, he descends below the level of the beast. Between these two extremes are all the grades of character, and man is their maker and master. Of all the beautiful truths pertaining to the soul which have been restored and brought to light in this age, none is more gladdening or fruitful of divine promise and confidence than this—that man is the master of thought, the moulder of character, and the maker and shaper of condition, environment, and destiny.

As a being of Power, Intelligence, and Love, and the lord of his own thoughts, man holds the key to every situation, and contains within himself that transforming and regenerative agency by which he may make himself what he wills.

Man is always the master, even in his weakest and most abandoned state; but in his weakness and degradation he is the foolish master who misgoverns his "household." When he begins to reflect upon his condition, and to search diligently for the Law upon which his being is established, he then becomes the wise master, directing his energies with intelligence, and fashioning his thoughts to fruitful issues. Such is the conscious master, and man can only thus become by discovering within himself the laws of thought; which discovery is totally a matter of application, self analysis, and experience.

Only by much searching and mining are gold and diamonds obtained, and man can find every truth connected with his being if he will dig deep into the mine of his soul; and that he is the maker of his character, the moulder of his life, and the builder of his destiny, he may unerringly prove, if he will watch, control, and alter his thoughts, tracing their effects upon himself, upon others, and upon his life and circumstances, linking cause and effect by patient practice and investigation, and utilizing his every experience, even
to the most trivial, every-day occurrence, as a means

of obtaining that knowledge of himself which is Understanding, Wisdom, Power. In this direction, as in no other, is the law absolute that "He that seeketh findest; and to him that knocketh it shall be opened"; for only by patience, practice, and ceaseless importunity can a man enter the Door of the Temple of Knowledge.

EFFECT OF THOUGHT ON CIRCUMSTANCES

A man's mind may be likened to a garden, which may be intelligently cultivated or allowed to run wild; but whether cultivated or neglected, it must, and will, bring forth. If no useful seeds are put into it, then an abundance of useless weed-seeds will fall therein, and will continue to produce their kind.

Just as a gardener cultivates his plot, keeping it free from weeds, and growing the flowers and fruits which he requires, so may a man tend the garden of his mind, weeding out all the wrong, useless, and impure thoughts, and cultivating toward perfection the flowers and fruits of right, useful, and pure thoughts. By pursuing this process, a man sooner or later discovers that he is the master-gardener of his soul, the director of his life. He also reveals, within himself, the laws of thought, and understands, with everincreasing accuracy, how the thought-forces and mindelements operate in the shaping of his character, circumstances, and destiny.

Thought and character are one, and as character can only manifest and discover itself through environment and circumstance, the outer conditions of a person's life will always be found to be harmoniously related to his inner state.

This does not mean that a man's circumstances at any given time are an indication of his entire character, but that those circumstances are so intimately connected with some vital thought-element within himself that, for the time being, they are indispensable to his development.

Every man is where he is by the law of his being; the thoughts which he has built into his character have brought him there, and in the arrangement of his life there is no element of chance, but all is the result of a law which cannot err. This is just as true of those who feel "out of harmony" with their surroundings as of those who are contented with them.

As a progressive and evolving being, man is where he is that he may learn that he may grow; and as he learns the spiritual lesson which any circumstance contains for him, it passes away and gives place to other circumstances.

Man is buffeted by circumstances so long as he believes himself to be the creature of outside conditions, but when he realizes that he is a creative power, and that he may command the hidden soil and seeds of his being out of which circumstances grow, he then becomes the rightful master of himself.

That circumstances grow out of thought every man knows who has for any length of time practised self-control and self-purification, for he will have noticed that the alteration in his circumstances has been in exact ratio with his altered mental condition. So true is this that when a man earnestly applies himself to remedy the defects in his character, and makes swift and marked progress, he passes rapidly through a succession of vicissitudes.

The soul attracts that which it secretly harbours; that which it loves, and also that which it fears; it reaches the height of its cherished aspirations; it falls to the level of its unchastened desires,—and circumstances are the means by which the soul receives its own.

Every thought-seed sown or allowed to fall into the mind, and to take root there, produces its own, blossoming sooner or later into act, and bearing its own fruitage of opportunity and circumstance. Good thoughts bear good fruit, bad thoughts bad fruit.

The outer world of circumstance shapes itself to the inner world of thought, and both pleasant and unpleasant external conditions are factors which make for the ultimate good of the individual. As the reaper of his own harvest, man learns both by suffering and bliss.

Following the inmost desires, aspirations, thoughts, by which he allows himself to be dominated (pursuing the willo'-the-wisps of impure imaginings or steadfastly walking the highway of strong and high endeavour), a man at last arrives at their fruition and fulfilment in the outer conditions of his life. The laws of growth and adjustment everywhere obtains.

A man does not come to the almshouse or the jail by the tyranny of fate or circumstance, but by the pathway of grovelling thoughts and base desires. Nor does a pure-minded man fall suddenly into crime by stress of any mere external force; the criminal thought had long been secretly fostered in the heart, and the hour of opportunity revealed its gathered power. Circumstance does not make the man; it reveals him to himself. No such conditions can exist as descending into vice and its attendant sufferings apart from vicious inclinations, or ascending into virtue and its pure happiness without the continued cultivation of virtuous aspirations; and man, therefore, as the lord and master of thought, is the maker of himself, the shaper and author of environment. Even at birth the soul comes to its own, and through every step of its earthly pilgrimage it attracts those combinations of conditions which reveal itself, which are the reflections of its own purity and impurity, its strength and weakness.

Men do not attract that which they want, but that which they are. Their whims, fancies, and ambitions are thwarted at every step, but their inmost thoughts and desires are fed with their own food, be it foul or clean. The "divinity that shapes our ends" is in ourselves; it is our very self. Man is manacled only by himself: thought and action are the jailers of Fate—they imprison, being base; they are also the angels of Freedom—they liberate, being noble. Not what he wishes and prays for does a man get, but what he justly earns. His wishes and prayers are only gratified and answered when they harmonize with his thoughts and actions.

In the light of this truth, what, then, is the meaning of "fighting against circumstances?" It means that a man is continually revolting against an effect without, while all the time he is nourishing and preserving its cause in his heart.

That cause may take the form of a conscious vice or an unconscious weakness; but whatever it is, it stubbornly retards the efforts of its possessor, and thus calls aloud for remedy.

Men are anxious to improve their circumstances, but are unwilling to improve themselves; they therefore remain bound. The man who does not shrink from self-crucifixion can never fail to accomplish the object upon which his heart is set. This is as true of earthly as of heavenly things. Even the man whose sole object is to acquire wealth must be prepared to make great personal sacrifices before he can accomplish his object; and how much more so he who would realize a strong and well-poised life?

Here is a man who is wretchedly poor. He is extremely anxious that his surroundings and home comforts should be improved, yet all the time he shirks his work, and considers he is justified in trying to deceive his employer on the ground of the insufficiency of his wages. Such a man does not understand the simplest rudiments of those principles which are the basis of true prosperity, and is not only totally unfitted to rise out of his wretchedness, but is actually attracting to himself a still deeper wretchedness by dwelling in, and acting out, indolent, deceptive, and unmanly thoughts.

Here is a rich man who is the victim of a painful and persistent disease as the result of gluttony. He is willing to give large sums of money to get rid of it, but he will not sacrifice his gluttonous desires. He wants to gratify his taste for rich and unnatural viands and have his health as well. Such a man is totally unfit to have health, because he has not yet learned the first principles of a healthy life.

Here is an employer of labour who adopts crooked measures to avoid paying the regulation wage, and, in the hope of making larger profits, reduces the wages of his work-people. Such a man is altogether unfitted for prosperity, and when he finds himself bankrupt, both as regards reputation and riches, he blames circumstances, not knowing that he is the sole author of his condition.

I have introduced these three cases merely as illustrative of the truth that man is the causer (though nearly always unconsciously) of his circumstances, and that, whilst aiming at a good end, he is continually frustrating its accomplishment by encouraging thoughts and desires which cannot possibly harmonize with that end. Such cases could be multiplied and varied almost indefinitely, but this is not necessary, as the reader can, if he so resolves, trace the action of the laws of thought in his own mind and life, and until this is done, mere external facts cannot serve as a ground of reasoning.

Circumstances, however, are so complicated, thought is so deeply rooted, and the conditions of happiness vary so vastly with individuals, that a man's entire soul-condition (although it may be known to himself) cannot be judged by another from the external aspect of his life alone. A man may be honest in certain directions, yet suffer privations; a man may be dishonest in certain directions, yet acquire wealth; but the conclusion usually formed that the one man fails because of his particular honesty, and that the other prospers because of his particular dishonesty, is the result of a superficial judgment, which assumes that the dishonest man is almost totally corrupt, and the honest man almost entirely virtuous.

In the light of a deeper knowledge and wider experience, such judgment is found to be erroneous. The dishonest man may have some admirable virtues which the other does, not possess; and the honest man obnoxious vices which are absent in the other.

The honest man reaps the good results of his honest thoughts and acts; he also brings upon himself the sufferings, which his vices produce. The dishonest man likewise garners his own suffering and happiness.

It is pleasing to human vanity to believe that one suffers because of one's virtue; but not until a man has extirpated every sickly, bitter, and impure thought from his mind, and washed every sinful stain from his soul, can he be in a position to know and declare that his sufferings are the result of his good, and not of his bad qualities; and on the way to, yet long before he has reached, that supreme perfection, he will have found, working in his mind and life, the Great Law which is absolutely just, and which cannot, therefore, give good for evil, evil for good. Possessed of such knowledge, he will then know, looking back upon his past ignorance and blindness, that his life is, and always was, justly ordered, and that all his past experiences, good and bad, were the equitable outworking of his evolving, yet unevolved self.

Good thoughts and actions can never produce bad results; bad thoughts and actions can never produce good results. This is but saying that nothing can come from corn but corn, nothing from nettles but nettles.

Men understand this law in the natural world, and work with it; but few understand it in the mental and moral world (though its operation there is just as simple and undeviating), and they, therefore, do not co-operate with it.

Suffering is always the effect of wrong thought in some direction. It is an indication that the individual is out of harmony with himself, with the Law of his being. The sole and supreme use of suffering is to purify, to burn out all that is useless and impure. Suffering ceases for him who is pure. There could be no object in burning gold after the dross had been removed, and a perfectly pure and enlightened being could not suffer.

The circumstances which a man encounters with suffering are the result of his own mental inharmony. The circumstances which a man encounters with blessedness, are the result of his own mental harmony. Blessedness not material possessions, is the measure of right thought; wretchedness, not lack of material possessions, is the measure of wrong thought. A man may be cursed and rich; he may be blessed and poor.

Blessedness and riches are only joined together when the riches are rightly and wisely used; and the poor man only descends into wretchedness when he regards his lot as a burden unjustly imposed.

Indigence and indulgence are the two extremes of wretchedness. They are both equally unnatural and the result of mental disorder. A man is not rightly conditioned until he is a happy, healthy, and prosperous being; and happiness, health, and prosperity are the result of a harmonious adjustment of the inner with the outer, of the man with his surroundings.

A man only begins to be a man when he ceases to whine and revile, and commences to search for the hidden justice which regulates his life. And as he adapts his mind to that regulating factor, he ceases to accuse others as the cause of his condition, and builds himself up in strong and noble thoughts; ceases to kick against circumstances, but begins to use them as aids to his more rapid progress, and as a means of discovering the hidden powers and possibilities within himself.

Law, not confusion, is the dominating principle in the universe; justice, not injustice, is the soul and substance of life; and righteousness, not corruption, is the moulding and moving force in the spiritual government of the world. This being so, man has but to right himself to find that the universe is right; and during the process of putting himself right, he will find that as he alters his thoughts towards things and other people, things and other people will alter towards him.

The proof of this truth is in every person, and it therefore admits of easy investigation by systematic introspection and self-analysis. Let a man radically alter his thoughts, and he will be astonished at the rapid transformation it will effect in the material conditions of his life. Men imagine that thought can be kept secret, but it cannot; it rapidly crystallizes into habit, and habit solidifies into circumstance.

Bestial thoughts crystallize into habits of drunkenness and sensuality, which solidify into circumstances of destitution and disease: impure thoughts of every kind crystallize into enervating and confusing habits, which solidify into distracting and adverse circumstances: thoughts of fear, doubt, and indecision crystallize into weak, unmanly, and irresolute habits, which solidify into circumstances of failure, indigence, and slavish dependence: lazy thoughts crystallize into habits of uncleanliness and dishonesty, which solidify into circumstances of foulness and beggary: hateful and condemnatory thoughts crystallize into habits of accusation and violence, which solidify into circumstances of injury and persecution: selfish thoughts of all kinds crystallize into habits of self-seeking, which solidify into circumstances more or less distressing. On the other hand, beautiful thoughts of all kinds crystallize into habits of grace and kindliness, which solidify into genial and sunny circumstances: pure thoughts crystallize into habits of temperance and self-control, which solidify into circumstances of repose and peace: thoughts of courage, self-reliance, and decision crystallize into manly habits, which solidify into circumstances of success, plenty, and freedom: energetic thoughts crystallize into habits of cleanliness and industry, which solidify into circumstances of pleasantness: gentle and forgiving thoughts crystallize into habits of gentleness, which solidify into protective and preservative circumstances: loving and unselfish thoughts crystallize into habits of self-forgetfulness for others, which solidify into circumstances of sure and abiding prosperity and true riches.

A particular train of thought persisted in, be it good or bad, cannot fail to produce its results on the character and circumstances. A man cannot directly choose his circumstances, but he can choose his thoughts, and so indirectly, yet surely, shape his circumstances.

Nature helps every man to the gratification of the thoughts which he most encourages, and opportunities are presented which will most speedily bring to the surface both the good and evil thoughts.

Let a man cease from his sinful thoughts, and all the world will soften towards him, and be ready to help him;

let him put away his weakly and sickly thoughts, and lo! opportunities will spring up on every hand to aid his strong resolves; let him encourage good thoughts, and no hard fate shall bind him down to wretchedness and shame. The world is your kaleidoscope, and the varying combinations of colours which at every succeeding moment it presents to you are the exquisitely adjusted pictures of your evermoving thoughts.

You will be what you will to be;
Let failure find its false content
In that poor word, 'environment,'
But spirit scorns it, and is free.
It masters time, it conquers space; „
It cows that boastful trickster, Chance,
And bids the tyrant Circumstance
Uncrown, and fill a servant's place.

The human Will, that force unseen,
The offspring of a deathless Soul,
Can hew a way to any goal,
Though walls of granite intervene.
Be not impatient in delay,
But wait as one who understands;
When spirit rises and commands,
The gods are ready to obey.

EFFECT OF THOUGHT ON HEALTH AND THE BODY

The body is the servant of the mind. It obeys the operations of the mind, whether they be deliberately chosen or automatically expressed. At the bidding of unlawful thoughts the body sinks rapidly into disease and decay; at the command of glad and beautiful thoughts it becomes clothed with youthfulness and beauty.

Disease and health, like circumstances, are rooted in thought. Sickly thoughts will express themselves through a sickly body. Thoughts of fear have been known to kill a man as speedily as a bullet, and they are continually killing thousands of people just as surely though less rapidly. The people who live in fear of disease are the people who get it. Anxiety quickly demoralizes the whole body, and lays it open to the entrance of disease; while impure thoughts, even if not physically indulged, will soon shatter the nervous system.

Strong, pure, and happy thoughts build up the body in vigour and grace. The body is a delicate and plastic instrument, which responds readily to the thoughts by which it is impressed, and habits of thought will produce their own effects, good or bad, upon it.

Men will continue to have impure and poisoned blood so long as they propagate unclean thoughts. Out of a clean heart comes a clean life and a clean body. Out of a defiled mind proceeds a defiled life and a corrupt body. Thought is the fount of action, life, and manifestation; make the fountain pure, and all will be pure.

Change of diet will not help a man who will not change his thoughts. When a man makes his thoughts pure, he no longer desires impure food.

Clean thoughts make clean habits. The so-called saint who does not wash his body is not a saint. He who has strengthened and purified his thoughts does not need to consider the malevolent microbe.

If you would perfect your body, guard your mind. If you would renew your body, beautify your mind. Thoughts of malice, envy, disappointment, despondency, rob the body of its health and grace. A sour face does not come by chance; it is made by sour thoughts. Wrinkles that mar are drawn by folly, passion, pride.

I know a woman of ninety-six who has the bright, innocent face of a girl. I know a man well under middle age whose face is drawn into inharmonious contours. The one is the result of a sweet and sunny disposition; the other is the outcome of passion and discontent.

As you cannot have a sweet and wholesome abode unless you admit the air and sunshine freely into your rooms, so a strong body and a bright, happy, or serene countenance can only result from the free admittance into the mind of thoughts of joy and goodwill and serenity.

On the faces of the aged there are wrinkles made by sympathy; others by strong and pure thought, and others are carved by passion: who cannot distinguish them? With those who have lived righteously, age is calm, peaceful, and softly mellowed, like the setting sun. I have recently seen a philosopher on his death-bed. He was not old except in years. He died as sweetly and peacefully as he had lived.

There is no physician like cheerful thought for dissipating the ills of the body; there is no comforter to compare with goodwill for dispersing the shadows of grief and sorrow. To live continually in thoughts of ill-will, cynicism, suspicion, and envy, is to be confined in a self-made prisonhole. But to think well of all, to be cheerful with all, to patiently learn to find the good in all—such unselfish thoughts are the very portals of heaven; and to dwell day by day in thoughts of peace toward every creature will bring abounding peace to their possessor.

THOUGHT AND PURPOSE

Until thought is linked with purpose there is no intelligent accomplishment. With the majority the barque of thought is allowed to "drift" upon the ocean of life. Aimlessness is a vice, and such drifting must not continue for him who would steer clear of catastrophe and destruction.

They who have no central purpose in their life fall an easy prey to petty worries, fears, troubles, and self-pityings, all of which are indications of weakness, which lead, just as surely as deliberately planned sins (though by a different route), to failure, unhappiness, and loss, for weakness cannot persist in a power-evolving universe.

A man should conceive of a legitimate purpose in his heart, and set out to accomplish it. He should make this purpose the centralizing point of his thoughts. It may take the form of a spiritual ideal, or it may be a worldly object, according to his nature at the time being; but whichever it is, he should steadily focus his thought-forces upon the object which he has set before him. He should make this purpose his supreme duty, and should devote himself to its attainment, not allowing his thoughts to wander away into ephemeral fancies, longings, and imaginings. This is the royal road to self-control and true concentration of thought. Even if he fails again and again to accomplish his purpose (as he necessarily must until weakness is overcome), the strength of character gained will be the measure of his true success, and this will form a new starting-point for future power and triumph.

Those who are not prepared for the apprehension of a great purpose, should fix the thoughts upon the faultless performance of their duty, no matter how insignificant their task may appear.

Only in this way can the thoughts be gathered and focussed, and resolution and energy be developed, which being done, there is nothing which may not be accomplished.

The weakest soul, knowing its own weakness, and believing this truth—that strength can only be developed by effort and practice, will, thus believing, at once begin to exert itself, and, adding effort to effort, patience to patience, and strength to strength, will never cease to develop, and will at last grow divinely strong.

As the physically weak man can make himself strong by careful and patient training, so the man of weak thoughts can make them strong by exercising himself in right thinking.

To put away aimlessness and weakness, and to begin to think with purpose, is to enter the ranks of those strong ones who only recognize failure as one of the pathways to attainment; who make all conditions serve them, and who think strongly, attempt fearlessly, and accomplish masterfully.

Having conceived of his purpose, a man should mentally mark out a straight pathway to its achievement, looking neither to the right nor the left. Doubts and fears should be rigorously excluded; they are disintegrating elements which break up the straight line of effort, rendering it crooked, ineffectual, useless. Thoughts of doubt and fear never accomplish anything, and never can. They always lead to failure. Purpose, energy, power to do, and all strong thoughts cease when doubt and fear creep in.

The will to do springs from the knowledge that we can do. Doubt and fear are the great enemies of knowledge, and he who encourages them, who does not slay them, thwarts himself at every step.

He who has conquered doubt and fear has conquered failure. His every thought is allied with power, and all difficulties are bravely met and wisely overcome. His purposes are seasonably planted, and they bloom and bring forth fruit which does not fall prematurely to the ground.

Thought allied fearlessly to purpose becomes creative force: he who knows this is ready to become something higher and stronger than a mere bundle of wavering thoughts and fluctuating sensations; he who does this has become the conscious and intelligent wielder of his mental powers.

THE THOUGHT-FACTOR IN ACHIEVEMENT

All that a man achieves and all that he fails to achieve is the direct result of his own thoughts. In a justly ordered universe, where loss of equipoise would mean total destruction, individual responsibility must be absolute. A man's weakness and strength, purity and impurity, are his own, and not another man's; they are brought about by himself, and not by another; and they can only be altered by himself, never by another. His condition is also his own, and not another man's. His suffering and his happiness are evolved from within. As he thinks, so he is; as he continues to think, so he remains.

A strong man cannot help a weaker unless that weaker is willing to be helped, and even then the weak man must become strong of himself; he must, by his own efforts, develop the strength which he admires in another. None but himself can alter his condition.

It has been usual for men to think and to say, "Many men are slaves because one is an oppressor; let us hate the oppressor." Now, however, there is amongst an increasing few a tendency to reverse this judgment, and to say, "One man is an oppressor because many are slaves; let us despise the slaves." The truth is that oppressor and slave are cooperators in ignorance, and, while seeming to afflict each other, are in reality afflicting themselves. A perfect Knowledge perceives the action of law in the weakness of the oppressed and the misapplied power of the oppressor; a perfect Love, seeing the suffering which both states entail, condemns neither; a perfect Compassion embraces both oppressor and oppressed.

He who has conquered weakness, and has put away all selfish thoughts, belongs neither to oppressor nor oppressed. He is free.

A man can only rise, conquer, and achieve by lifting up his thoughts. He can only remain weak, and abject, and miserable by refusing to lift up his thoughts.

Before a man can achieve anything, even in worldly things, he must lift his thoughts above slavish animal indulgence. He may not, in order to succeed, give up all animality and selfishness, by any means; but a portion of it must, at least, be sacrificed. A man whose first thought is bestial indulgence could neither think clearly nor plan methodically; he could not find and develop his latent resources, and would fail in any undertaking. Not having commenced manfully to control his thoughts, he is not in a position to control affairs and to adopt serious responsibilities. He is not fit to act independently and stand alone. But he is limited only by the thoughts which he chooses.

There can be no progress, no achievement without sacrifice, and a man's worldly success will be in the measure that he sacrifices his confused animal thoughts, and fixes his mind on the development of his plans, and the strengthening of his resolution and self-reliance. And the higher he lifts his thoughts, the more manly, upright, and righteous he becomes, the greater will be his success, the more blessed and enduring will be his achievements.

The universe does not favour the greedy, the dishonest, the vicious, although on the mere surface it may sometimes appear to do so; it helps the honest, the magnanimous, the virtuous. All the great Teachers of the ages have declared this in varying forms, and to prove and know it a man has but to persist in making himself more and more virtuous by lifting up his thoughts.

Intellectual achievements are the result of thought consecrated to the search for knowledge, or for the beautiful and true in life and nature. Such achievements may be sometimes connected with vanity and ambition, but they are not the outcome of those characteristics; they are the natural outgrowth of long and arduous effort, and of pure and unselfish thoughts.

Spiritual achievements are the consummation of holy aspirations. He who lives constantly in the conception of noble and lofty thoughts, who dwells upon all that is pure and unselfish, will, as surely as the sun reaches its zenith and the moon its full, become wise and noble in character, and rise into a position of influence and blessedness.

Achievement, of whatever kind, is the crown of effort, the diadem of thought. By the aid of self-control, resolution, purity, righteousness, and well-directed thought a man ascends; by the aid of animality, indolence, impurity, corruption, and confusion of thought a man descends.

A man may rise to high success in the world, and even to lofty altitudes in the spiritual realm, and again descend into weakness and wretchedness by allowing arrogant, selfish, and corrupt thoughts to take possession of him.

Victories attained by right thought can only be maintained by watchfulness. Many give way when success is assured, and rapidly fall back into failure.

All achievements, whether in the business, intellectual, or spiritual world, are the result of definitely directed thought, are governed by the same law and are of the same method; the only difference lies in the object of attainment.

He who would accomplish little must sacrifice little; he who would achieve much must sacrifice much; he who would attain highly must sacrifice greatly.

The dreamers are the saviours of the world. As the visible world is sustained by the invisible, so men, through all their trials and sins and sordid vocations, are nourished by the beautiful visions of their solitary dreamers. Humanity cannot forget its dreamers; it cannot let their ideals fade and die; it lives in them; it knows them as the realities which it shall one day see and know.

Composer, sculptor, painter, poet, prophet, sage, these are the makers of the after-world, the architects of heaven. The world is beautiful because they have lived; without them, labouring humanity would perish.

He who cherishes a beautiful vision, a lofty ideal in his heart, will one day realize it. Columbus cherished a vision of another world, and he discovered it; Copernicus fostered the vision of a multiplicity of worlds and a wider universe, and he revealed it; Buddha beheld the vision of a spiritual world of stainless beauty and perfect peace, and he entered into it.

Cherish your visions; cherish your ideals; cherish the music that stirs in your heart, the beauty that forms in your mind, the loveliness that drapes your purest thoughts, for out of them will grow all delightful conditions, all heavenly environment; of these, if you but remain true to them, your world will at last be built.

To desire is to obtain; to aspire is to achieve. Shall man's basest desires receive the fullest measure of gratification, and his purest aspirations starve for lack of sustenance? Such is not the Law: such a condition of things can never obtain: "Ask and receive."

Dream lofty dreams, and as you dream, so shall you become. Your Vision is the promise of what you shall one day be; your Ideal is the prophecy of what you shall at last unveil.

The greatest achievement was at first and for a time a dream. The oak sleeps in the acorn; the bird waits in the egg; and in the highest vision of the soul a waking angel stirs. Dreams are the seedlings of realities.

Your circumstances may be uncongenial, but they shall not long remain so if you but perceive an Ideal and strive to reach it. You cannot travel within and stand still without. Here is a youth hard pressed by poverty and labour; confined long hours in an unhealthy workshop; unschooled, and lacking all the arts of refinement. But he dreams of better things; he thinks of intelligence, of refinement, of grace and beauty. He conceives of, mentally builds up, an ideal condition of life; the vision of a wider liberty and a larger scope takes possession of him; unrest urges him to action, and he utilizes all his spare time and means, small though they are, to the development of his latent powers and resources. Very soon so altered has his mind become that the workshop can no longer hold him. It has become so out of harmony with his mentality that it falls out of his life as a garment is cast aside, and, with the growth of opportunities which fit the scope of his expanding powers, he passes out of it forever. Years later we see this youth as a full-grown man. We find him a master of certain forces of the mind which he wields with world-wide influence and almost unequalled power. In his hands he holds the cords of gigantic responsibilities; he speaks, and lo! lives are changed; men and women hang upon his words and remould their characters, and, sunlike, he becomes the fixed and luminous centre round which innumerable destinies revolve. He has realized the Vision of his youth. He has become one with his Ideal.

And you, too, youthful reader, will realize the Vision (not the idle wish) of your heart, be it base or beautiful, or a mixture of both, for you will always gravitate toward that which you, secretly, most love. Into your hands will be placed the exact results of your own thoughts; you will receive that which you earn; no more, no less. Whatever your present environment may be, you will fall, remain, or rise with your thoughts, your Vision, your Ideal. You will become as small as your controlling desire; as great as your dominant aspiration: in the beautiful words of Stanton Kirkham Davis,
"You may be keeping accounts, and presently you shall walk out of the door that for so long has seemed to you

the barrier of your ideals, and shall find yourself before an audience—the pen still behind your ear, the ink-stains on your fingers—and then and there shall pour out the torrent of your inspiration. You may be driving sheep, and you shall wander to the city—bucolic and openmouthed; shall wander under the intrepid guidance of the spirit into the studio of the master, and after a time he shall say, 'I have nothing more to teach you.' And now you have become the master, who did so recently dream of great things while driving sheep. You shall lay down the saw and the plane to take upon yourself the regeneration of the world."

The thoughtless, the ignorant, and the indolent, seeing only the apparent effects of things and not the things themselves, talk of luck, of fortune, and chance. Seeing a man grow rich, they say, "How lucky he is!" Observing another become intellectual, they exclaim, "How highly favoured he is!" And noting the saintly character and wide influence of another, they remark, "How chance aids him at every turn!" They do not see the trials and failures and struggles which these men have voluntarily encountered in order to gain their experience; have no knowledge of the sacrifices they have made, of the undaunted efforts they have put forth, of the faith they have exercised, that they might overcome the apparently insurmountable, and realize the Vision of their heart. They do not know the darkness and the heartaches; they only see the light and joy, and call it "luck"; do not see the long and arduous journey, but only behold the pleasant goal, and call it "good fortune"; do not understand the process, but only perceive the result, and call it "chance."

In all human affairs there are efforts, and there are results, and the strength of the effort is the measure of the result. Chance is not. "Gifts," powers, material, intellectual, and spiritual possessions are the fruits of effort; they are thoughts completed, objects accomplished, visions realized.

The Vision that you glorify in your mind, the Ideal that you enthrone in your heart—this you will build your life by, this you will become.

SERENITY

Calmness of mind is one of the beautiful jewels of wisdom. It is the result of long and patient effort in self-control. Its presence is an indication of ripened experience, and of a more than ordinary knowledge of the laws and operations of thought.

A man becomes calm in the measure that he understands himself as a thought evolved being, for such knowledge necessitates the understanding of others as the result of thought, and as he develops a right understanding, and sees more and more clearly the internal relations of things by the action of cause and effect, he ceases to fuss and fume and worry and grieve, and remains poised, steadfast, serene.

The calm man, having learned how to govern himself, knows how to adapt himself to others; and they, in turn, reverence his spiritual strength, and feel that they can learn of him and rely upon him. The more tranquil a man becomes, the greater is his success, his influence, his power for good. Even the ordinary trader will find his business prosperity increase as he develops a greater self-control and equanimity, for people will always prefer to deal with a man whose demeanour is strongly equable.

The strong, calm man is always loved and revered. He is like a shade-giving tree in a thirsty land, or a sheltering rock in a storm. "Who does not love a tranquil heart, a sweettempered, balanced life? It does not matter whether it rains or shines, or what changes come to those possessing these blessings, for they are always sweet, serene, and calm. That exquisite poise of character which we call serenity is the last lesson of culture; it is the flowering of life, the fruitage of the soul. It is precious as wisdom, more to be desired than gold—yea, than even fine gold. How insignificant mere money seeking looks in comparison with a serene life —a life that dwells in the ocean of Truth, beneath the waves, beyond the reach of tempests, in the Eternal Calm!

"How many people we know who sour their lives, who ruin all that is sweet and beautiful by explosive tempers, who destroy their poise of character, and make bad blood! It is a question whether the great majority of people do not ruin their lives and mar their happiness by lack of self-control. How few people we meet in life who are well balanced, who have that exquisite poise which is characteristic of the finished character!"

Yes, humanity surges with uncontrolled passion, is tumultuous with ungoverned grief, is blown about by anxiety and doubt. Only the wise man, only he whose thoughts are controlled and purified, makes the winds and the storms of the soul obey him.

Tempest-tossed souls, wherever ye may be, under whatsoever conditions ye may live, know this—in the ocean of life the isles of Blessedness are smiling, and the sunny shore of your ideal awaits your coming. Keep your hand firmly upon the helm of thought. In the barque of your soul reclines the commanding Master; He does but sleep: wake Him. Self-control is strength; Right Thought is mastery; Calmness is power.

Say unto your heart,
"Peace, be still!"

ÜBER JAMES ALLEN

James Allen, geboren am 28. November 1864 in Leices-
ter, England, war ein britischer Schriftsteller und Philosoph, der vor allem durch sein Buch As a Man Thinketh
bekannt wurde. Dieses Werk gilt als eines der einfluss-
reichsten Bücher in der Selbsthilfeliteratur und prägte
Generationen von Lesern, die nach persönlicher Erfüllung und innerem Frieden streben.

Allen wuchs in bescheidenen Verhältnissen auf. Sein Leben war von Herausforderungen und Rückschlägen ge-
prägt, die seine spätere Philosophie maßgeblich beein-
flussten. Sein Vater, ein Fabrikarbeiter, wanderte in den
1870er Jahren nach Amerika aus, um Arbeit zu finden,
wurde jedoch Opfer eines Raubüberfalls und verstarb.
Dieser Verlust zwang James, seine formelle Ausbildung
früh zu beenden, um seine Familie zu unterstützen.

Nachdem er in verschiedenen Berufen gearbeitet hatte,
darunter als Sekretär und Angestellter, begann Allen,
sich intensiv mit spirituellen und philosophischen Fra-
gen zu beschäftigen. Dabei zog er Inspiration aus der
Bibel und klassischen Philosophen wie Epiktet, Seneca
und Buddha. Sein Interesse an der Beziehung zwischen
Geist und Leben führte ihn schließlich dazu, sich als
Schriftsteller niederzulassen.

Die Philosophie von James Allen: Gedanken formen das Leben

James Allen war überzeugt, dass die Qualität der Gedanken eines Menschen sein Schicksal bestimmt. Seine Philosophie dreht sich um die Idee, dass unsere inneren Überzeugungen und Gedanken das äußere Leben formen. Dieser Gedanke ist das zentrale Thema seines bekanntesten Werkes, As a Man Thinketh (1903). Der Titel ist eine Anspielung auf einen Vers aus der Bibel ("Denn wie er in seiner Seele berechnend denkt, so ist er", Sprüche 23:7). Allen nutzt diese Metapher, um die Idee zu vermitteln, dass der Mensch durch seine Gedanken die Macht besitzt, sein eigenes Schicksal zu bestimmen.

In diesem Buch legt Allen dar, dass Gedanken die "Bausteine" unseres Charakters sind. Negative Gedanken führen zu einem unglücklichen und chaotischen Leben, während positive und konstruktive Gedanken zu Erfolg, Wohlstand und Frieden führen. Allen sah den Geist als Garten, der sorgfältig gepflegt werden muss. Lässt man ihn unkontrolliert, so wuchern Unkraut und Chaos; pflegt man ihn mit positiven Gedanken, so wächst und gedeiht der Garten.

Ein wesentlicher Bestandteil seiner Philosophie ist die Selbstverantwortung. Allen argumentiert, dass jeder Mensch die Kontrolle über seine Gedanken hat und somit auch über sein Leben. Das bedeutet, dass wir nicht

Opfer der Umstände sind, sondern dass unser Schicksal durch die Gedanken, die wir kultivieren, aktiv gestaltet wird. Diese Vorstellung war in der damaligen Zeit revolutionär und hat auch heute noch eine enorme Relevanz in der Persönlichkeitsentwicklung.

Warum As a Man Thinketh so wegweisend ist

As a Man Thinketh ist nicht nur wegen seines Inhalts bemerkenswert, sondern auch wegen seiner Zugänglichkeit. James Allen schrieb in einem einfachen und klaren Stil, der es Lesern leicht machte, seine tiefgründigen Ideen zu verstehen. Das Buch ist kurz, aber prägnant, und enthält universelle Weisheiten, die sich auf jedes Leben anwenden lassen. Viele Leser schätzen die Klarheit, mit der Allen komplexe spirituelle und psychologische Konzepte vermittelt.

Der Wegweisende Aspekt dieses Buches liegt vor allem in seiner Betonung auf die Kraft der Gedanken. Allen stellte fest, dass Menschen oft versuchen, ihre äußeren Umstände zu ändern, ohne zu erkennen, dass die wirkliche Veränderung im Inneren, in den Gedanken, beginnen muss. Diese Sichtweise bildet die Grundlage für die moderne Selbsthilfebewegung, die davon ausgeht, dass inneres Wachstum zu äußerem Erfolg führt. James Allen gilt daher als ein Vordenker dieser Bewegung, da er früh erkannte, dass das Leben eines Menschen das Spiegelbild seiner Gedankenwelt ist.

Sein Werk beeinflusste spätere Autoren wie Napoleon Hill (Think and Grow Rich) und moderne Motivationsredner und Lebenscoaches, die Allens Prinzipien der Gedanken- und Gefühlskontrolle weitertrugen und verbreiteten.

Das Vermächtnis von James Allen

Neben As a Man Thinketh schrieb Allen insgesamt 19 Bücher, darunter The Path of Prosperity und Above Life's Turmoil, die ähnliche Themen behandeln und seine zentrale Botschaft weiter vertiefen. James Allen verstarb 1912 im Alter von 47 Jahren, doch sein Einfluss lebt bis heute weiter.

Seine Botschaft, dass Gedanken die mächtigste Kraft im Leben eines Menschen sind, hat zahllose Menschen dazu inspiriert, Verantwortung für ihr eigenes Leben zu übernehmen und positive Veränderungen herbeizuführen. Seine Werke gehören heute zu den Klassikern der Selbsthilfe- und Erfolgsbücher und haben die Grundlage für viele moderne Ansätze zur Persönlichkeitsentwicklung gelegt.

James Allen bleibt eine zentrale Figur in der Geschichte der Selbsthilfe, und sein Buch As a Man Thinketh ist auch nach über einem Jahrhundert immer noch ein kraftvolles Werkzeug für alle, die nach innerer Erleuchtung und einem erfüllteren Leben suchen.

Mehr von Tobi Krick?
Mehr von Erfolgsbeschleuniger?

www.tobikrick.com
Informiere Dich über neue Publikationen und Bücher.
Folge Tobis Philosophie und Gedanken auf dem Blog.

www.erfolgs-beschleuniger.com
Informiere Dich über das Coachingangebot von Erfolgsbeschleuniger. Erfolgsbeschleuniger ist eine innovative familiäre Unter-
nehmerplattform, die eine lebendige Unternehmercommunity
mit Coaching- und Trainingsinhalten verbindet. Das Motto ist:
Wachsen, Lachen, Kohle Machen.
Stefan Gebhardt und Tobi Krick haben Erfolgsbeschleuniger in
2022 gegründet und seitdem hunderten Selbstständigen und
Unternehmern geholfen.